Meister Bo

Weil es Zen macht!

Glücklich leben ohne Buddhismus

Bibliografische Information der Deutschen Nationalbibliothek:
Die Deutsche Nationalbibliothek verzeichnet diese Publikation in
der Deutschen Nationalbibliografie; detaillierte bibliografische
Daten sind im Internet über dnb.dnb.de abrufbar.

Weil es Zen macht. Glücklich leben ohne Buddhismus./Meister
Bo; Keller, Guido. – Frankfurt 2021

Lektorat: Susanne König

Cover: Ray Rubeque (www.instagram.com/jinrayho)

Alle Rechte vorbehalten. © 2021 Guido Keller

Herstellung und Verlag: BoD – Books on Demand, Norderstedt

ISBN: 9783753499505

Inhalt

Buddhistische Klischees

Die Vier Edlen Wahrheiten *8*
Der Edle Achtfache Pfad *10*
Die Gebote *12*
Karma und Wiedergeburt *14*
Nicht-Selbst und Unbeständigkeit *16*
Sitzmeditation *18*

Leben aus der Poesie des Zen

1. Der gemalten Schlange einen Fuß anhängen *22*
2. Einer fragt mich nach dem tiefsten Sinn:
   Lächelnd deute ich auf den Herbstmond *24*
3. Nicht von Lob geschmeichelt, nicht von Tadel verletzt *26*
4. Eine einmalige Begegnung *28*
5. Eine Blüte öffnet sich – überall ist Frühling *30*
6. Ein Tag ohne Arbeit ist ein Tag ohne Essen *33*
7. Ein wahrer Mensch ohne Rang *35*
8. Das Brett schultern, bis zum Tod *37*
9. Eine Schale Moral, die nicht vollkommen ist,
   kann das Wasser des Zen nicht halten *39*
10. Eine Kuh in Berlin frisst Gras,
    ein Pferd in München wird satt *41*
11. Bring die Toten zurück, töte die Lebenden! *43*
12. Im Sarg liegend die Augen weit öffnen *45*
13. Iss, wenn du hungrig bist; schlaf, wenn du müde bist *47*
14. Reite dein Pferd auf der Schneide eines Schwertes,
    versteck dich inmitten von Flammen *49*
15. Keine Nachkommen haben, aus Furcht vor Trauer *52*
16. Der tote Baum blüht noch einmal auf *55*
17. Hau die Wege der tausend Heiligen in Stücke! *57*

18. Der Weg zum Erwachen ist leicht:
    Vermeide einfach das Auswählen *61*
19. Ein kleiner Fisch verschluckt einen großen Fisch *63*
20. Achte auf deine eigenen Schritte *65*
21. Tausend Soldaten findet man leicht,
    einen General nur schwer *67*
22. Ein Tropfen Wasser von Huinengs Berg *70*
23. Verflucht mich – ich bringe einen Extramund;
    sprudelt und spritzt – ich bringe Extraspucke *72*
24. Geheime Übung, verborgene Arbeit –
    wie ein Narr, wie ein Idiot *75*
25. All seine Handlungen vollständig offenbar *77*
26. Das Paradies ist noch nicht vollendet,
    die Hölle war zuerst fertig *80*
27. Auf der Weide werde grün, in der Blume rot *82*
28. Süßigkeiten in seinem Mund,
    herbe Kräuter in seinem Herzen *84*
29. Weltliche Leidenschaften: Untrennbar vom Erwachen *87*
30. Jeder Schritt das Kloster *91*
31. Triffst du einen Samurai, zeige ihm ein Schwert;
    einem Nicht-Poeten zeige jedoch kein Gedicht *94*
32. Die beiden Spiegel reflektieren einander *96*
33. Nie das Zuhause verlassen und doch auf dem Weg sein *99*
34. Vimalakirti will seinen Mund nicht öffnen.
    Auf dem Zweig rezitiert eine Zikade ... *101*
35. Geist erzeugen, ohne anzuhaften *104*
36. Dein ganzes Leben lang ziehe Nägel und Pfähle
    für andere heraus *106*
37. Ein krätziger Hund sehnt sich nicht nach Wiedergeburt:
    Höhnisch lacht er über weiße Kraniche am Himmel *109*
38. Schönheit entzieht sich dem Suchenden
    und taucht unaufgefordert auf *111*

„Ich habe dich bereits durchschaut." [1]

Es heißt, das goldene Zeitalter chinesischer Dichtung sei auch das goldene Zeitalter des Zen (Chan) gewesen. Als man im siebzehnten Jahrhundert in Japan das *Zenrin Kushû*, eine Sammlung mit Zen-Sprüchen, zusammenstellte, bediente man sich reichlich bei chinesischer Poesie und überlieferten Weisheiten, die nicht nur von Zen-Buddhisten, sondern auch von Konfuzianern und Taoisten stammten. Diese Redewendungen (jap. *jakugo*, etwa: „Schlüsselwörter") wurden zu anerkannten Antworten von Mönchen auf rätselhafte Geschichten (jap. Koan), die ihnen deren Meister aufgetragen hatten. Die darin widergespiegelte Sichtweise möge Ihnen, liebe Leser und Leserinnen, als Anregung zu einem vom Zen inspirierten Leben dienen. Zuerst aber räume ich noch kurz mit überflüssigem buddhistischem Ballast auf, damit Sie sich ganz auf ihren eigenen Alltag konzentrieren können.

Buddhistische Klischees

Die Vier Edlen Wahrheiten

Die vier grundlegenden Wahrheiten des Buddhismus handeln von der Tatsache des Leidens, dessen Ursache (Gier, Hass und Verblendung bzw. Unwissenheit), dessen möglicher Auflösung sowie dem achtfachen Pfad, der dies bewirken soll.

Bei genauer Betrachtung ergeben sich logische Probleme, denn es heißt, dass Geburt, Alter, Krankheit und Tod Leiden darstellten. Während wir aus eigener Erfahrung mit Krankheit, dem Alterungsprozess und dem Tod/Verlust anderer zustimmen mögen, stellt sich die Frage, wer denn beurteilen will, dass Geburt Leiden ist – außer der Mutter, die unter Schmerzen ein Kind zur Welt bringt. Erinnert sich aber jemand an seine eigene Geburt als leidvoll? Ein weiteres Problem besteht darin, dass mit der behaupteten Möglichkeit, Leiden zu beenden, impliziert ist, an den genannten Tatsachen sei irgendetwas zu ändern. Doch das ist nicht der Fall, es sei denn man wird religiös, das heißt begibt sich auf den Boden von Spekulationen über Wiedergeburt. Dann würde man mit dem Beenden eines Kreislaufes, in dem man immer wiedergeboren würde, natürlich auch den Ablauf von Geburt, Krankheit, Altern und Tod unterbrechen und wäre womöglich fein raus. Doch auch die

Wiedergeburtslehre macht, wie wir noch sehen werden, keinen Sinn.

Sicher sind Gier, Hass und Dummheit ein häufiger Grund für leidhafte Erfahrungen; es ist angenehm zu hören, dass zumindest sie überwunden werden können. Shakyamuni, ein zunächst reicher Prinz, der auszog, um als Asket das Wesen des von ihm beobachteten Leidens zu verstehen und der dann mittels Meditation zum erwachten Buddha wurde, empfahl den „Achtfachen Pfad".

Kehren wir zunächst versuchsweise seine Vier Edlen Wahrheiten ins „Gegenteil" um, dann ahnen wir schon, dass wir auf diesem Pfad in eine Falle tappen könnten. Denn auch die folgende ironische Verdrehung klingt wahr, oder nicht?

1. Das Leben ist Freude.
2. Die Ursachen der Freude sind: Begehren, Abneigung (gegen das Freudlose) und Unwissenheit.
3. Erlöschen die Ursachen, erlischt auch die Freude.
4. Dazu übe den „Edlen Achtfache Pfad".

Doch wer will ohne Freude sein?

Der Edle Achtfache Pfad

Am Anfang dieses Pfades steht interessanterweise die „Rechte Erkenntnis". Wie soll man also den buddhistischen Pfad auf korrekte Weise überhaupt gehen, ohne diese Erkenntnis gehabt zu haben bzw. erwacht zu sein? Auch der Buddha hatte ja erst den rechten Durchblick *nach* seinem Erwachen, und erst das, was er dann auf Bitten hin predigte, gilt Buddhisten als verbindliche Lehre. Zuvor übte er sich beispielsweise nach dem Vorbild einiger Brahmanen in Askese und Selbstkasteiung, verwarf diesen Weg später. Daraus könnten wir schließen, dass sich ein „Weg" erst klar darstellt, *nachdem* wir Einsicht hatten – was wiederum den vom Buddha vorgezeichneten Weg als fragwürdig erscheinen lässt, müssten wir ihn doch durch unsere eigene Einsicht erst einmal bestätigen. Alles andere wäre lediglich Religion im Sinne von blindem Glauben.

Dabei machen die weiteren Bestandteile des Achtfachen Pfades Sinn. Edle Absichten zu hegen, sich auf moralisch anspruchsvolle Weise zu verhalten und dies durch Achtsamkeit und Meditation zu vertiefen erscheint naheliegend und hilfreich. Doch auch hier zeigen sich im Detail Probleme. So wird die „Rechte Rede", der dritte Bestandteil dieses Pfades, von Buddhisten oft benutzt, um unangenehme Meinungen, Satire oder Kritik zu unterdrücken, wo es doch laut dem Buddha vor allem darum ging: „Sage, wie es ist." Oder, wie es in der hier vorgestellten Spruchsammlung des Zen heißt: „Wenn es kalt ist, nenne es kalt, wenn es heiß ist, nenne es heiß."[2] Selbst wenn wir uns auf das vom Buddha im Pali-Kanon, dem Grundlagentext für Buddhisten, wörtlich oder sinngemäß Gesagte berufen, kommen wir in die Bredouille. Der fünfte Teil des Achtfachen Pfades verhandelt den „Rechten Lebenserwerb" und betrachtet u. a. die Tierzucht und den Handel mit Fleisch als unlauter. Schon ist man dabei, ganze Berufsstände, die für das Überleben der Menschheit wichtig waren und sind, moralisch abzuwerten. Wieder können wir zum Schluss kommen, dass die Lehre Buddhas schon im Ansatz nicht überzeugend durchdacht wurde und neben logischen Mängeln auch moralische Defizite aufweist.

Sie sind anderer Meinung? In Ordnung. Falls Sie dennoch weiterlesen, betrachten Sie meine Hinweise und Ratschläge bitte als freundliche Versuche, Lehren aus meinem eigenen Leben zu vermitteln. Letztlich gehen wir alle unseren eigenen Weg.

Die Gebote

Eigentlich sind Gebote im Buddhismus eher Übungsregeln. Man übt sich als Laie, um den vierten Teil des Achtfachen Pfades – das „Rechte Handeln" – bemüht, in fünf Bereichen: Nicht-Töten, Nicht-Stehlen, Nicht-Lügen, Nicht-Ehebrechen, Nicht-Berauschen.

Die meisten dieser Regeln sind in den großen Weltreligionen Konsens und dürften in kaum einer Kultur dieser Welt besonders in Frage gestellt werden (auch wenn es in Völkern, die auf Rache und Ehrenmorde bestehen, größere Ausnahmen gibt). Dennoch wissen wir aus Untersuchungen, dass im Grunde keiner in der Lage ist, nicht zu lügen, sondern im Gegenteil der Alltag voller Schwindeleien aus den unterschiedlichsten Gründen besteht. In Bezug aufs Töten kommt immer wieder die Frage auf, ob ein Buddhist nicht auf Fleischverzehr gänzlich verzichten müsste, um dem Töten von Tieren keinen Vorschub zu leisten. Noch größer ist der Interpretationsspielraum beim Berauschen: Wenn ein Glas Wein pro Tag nach Ansicht mancher Ärzte gut sein soll, wo genau ist die Grenze zum Rausch, wie viel ist noch erlaubt? Am heftigsten fehlgedeutet wird jedoch die Regel gegen den Ehebruch, die einerseits untersagt, sich in die Ehen anderer einzumischen, desweiteren den Schutz von Mädchen umfasst, die noch unter der Obhut ihrer Eltern stehen, sowie den von Nonnen und Gefangenen. Prostitution, die es zu Buddhas Zeiten gab, wird genauso wenig erwähnt wie Homosexualität, obwohl moderne Interpreten diese Regel nach Belieben an die Bedürfnisse ihrer Zeit anpassen und auf solche Bereiche ausdehnen wollen.

Mit anderen Worten: Die fünf grundlegenden Regeln für Laien besagen nicht viel anderes als das, was die meisten Menschen auf der Welt von ihren Eltern und ihrem Umfeld beigebracht bekommen haben – unabhängig vom Buddhismus. Wenn es nur darum ginge, wären die meisten Menschen Buddhisten, weil sie sich gewöhnlich darin üben, diese Regeln nicht allzu häufig zu brechen.

Karma und Wiedergeburt

Selbst das Konzept von Karma ist weltweit und religionsunabhängig verbreitet, denn wer wüsste nicht, dass eine Tat Folgen nach sich ziehen kann und einem Geschehen B eine Ursache A zugrunde liegen wird? *Kamma* bedeutet in der Pali-Sprache „Wirken, Tat" und meint, dass jede geistige Regung oder körperliche Tat Folgen hat. Auch hier sollten wir innehalten. Auf der feinsten Ebene mag es richtig sein, dass ein jeder Gedanke eine gewisse Folge zeitigt. Tatsächlich denken wir jedoch oft etwas, das im Nirgendwo verpufft. Wir merken das, wenn wir uns an etwas erinnern wollen und es einfach nicht mehr zusammenbekommen. Auch das, was wir tun, kommt uns gelegentlich so vor, als bliebe es folgenlos. Wir können uns für etwas vergeblich einsetzen, sei es ein soziales Anliegen, das nicht fruchtet, oder eine andere Person, die uns nicht in gleichem Maße sympathisch findet. Das Konzept von Karma wurde offensichtlich aus moralischen Überlegungen erschaffen: Zum einen soll es den Trost bieten, dass üble Taten sich rächen werden, und zwar gegebenenfalls in späteren Leben (Wiedergeburten); und dass gute Taten sich lohnen, weil sie zum Ende des leidvollen Daseins bzw. zum Ende einer Wiederkehr im sterblichen Leib führen. Zum anderen soll es erklären, warum es manchen Wesen schon von Geburt an so schlecht geht, obwohl sie doch in ihrem gegenwärtigen Leben noch gar nichts angestellt haben können. Auch hier ist das ethisch-logische Problem offenkundig: Es gibt keinerlei Beweise für Wiedergeburten, vielmehr spricht vieles dafür, dass mit unserem Hirntod und dem Ende des persönlichen Bewusstseins die individuelle Person nicht mehr existiert. Insofern würde sich bestenfalls ein nichtpersonales Karma manifestieren, d. h. ein neu geborenes Individuum könnte gar nichts dafür, es würde vielmehr „ungerechterweise" das Karma erleiden, das andere Individuen vorher erzeugt hätten. Über das allgemeine Verständnis hinaus, dass Ursachen auch Wirkungen zeigen, hat das buddhistische Karma-Modell also erhebliche Schwächen.

Nicht-Selbst und Unbeständigkeit

Die Lehre vom Nicht-Selbst – *anatta* (Pali), *anatman* (Sanskrit) – ist neben der Lehre von der Unbeständigkeit – *anicca* (Pali), *anitya* (Sanskrit) – ein weiterer zentraler Kern buddhistischer Überlieferung. Sie besagt, dass Wesen und Dinge keinen substantiellen Kern haben, wir Menschen also kein fixes Selbst, über das wir ein konstantes „Ich" konstruieren könnten. Tatsächlich können wir erleben, wie „alles im Fluss" ist (Heraklit) und wir unser Ich, wenn wir es suchen, nicht wirklich fassen können. Aus diesem Grund macht die Lehre von einem Karma, das sich über mehrere Leben auswirkt, ethisch wenig Sinn, denn wie sollte es sich festmachen, wenn nicht überindividuell – und damit „unmoralisch"?

Die Gefahr, dass man durch die Ablehnung eines Selbst in eine Art moralischen Nihilismus verfallen könnte, sah man schon früh im Mahayana-Buddhismus, dem so genannten „Großen Fahrzeug", der Lehre, die sich später als der frühe Theravada-Buddhismus entwickelte und ihre eigenen Texte (Sutren) kennt. Unter anderem verfasste man ein eigenes Mahaparinirvana-Sutra, in dem der Buddha, als wolle er seine alten Reden korrigieren, kurz vor seinem Tod doch von einem Selbst spricht: dem *Tathagatagarbha* oder Buddha-Schoß, den er als rein, ewig und segensvoll bezeichnet. Nun also gibt es etwas – obgleich Nicht-Personales –, das rein und von Dauer ist.

Für uns ist im Alltag von Bedeutung, dass wir uns als ein eigenständiges „Ich" sehen, und auch für andere wird stets erkennbar sein, wie unverwechselbar individuell wir sind. Die letztliche „Leere" dieses Ichs oder Selbst zu durchschauen bedeutet, dass wir unsere gedanklichen Konstruktionen rund um das, was wir glauben zu sein oder tun zu müssen, als Illusionen erkennen. Unser eingebildetes Ich entspringt einem „wahren Selbst", der „Buddha-Natur" oder dem „Tao", wie man es in China nannte. Wir verstehen: „Selbst und andere sind nicht zwei – das illusorische Du und Ich."[3]

Sitzmeditation

Eine Buddha-Statue sitzt entweder im Schneidersitz, mit einem Bein über dem anderen oder gar im vollen Lotussitz. Zen wird im Westen meist als Zazen verstanden, als Sitzmeditation. Eine Ursache ist der Einfluss der Soto-Schule Japans, die sich im Lauf der letzten Jahrhunderte immer stärker auf Dogen Zenji (13. Jh.) besann, der im Zazen das Erwachen verwirklicht sah und es als die zentrale Zen-Übung verstand: Statt sich einer Erleuchtung als Ziel nähern zu wollen, was nur weitere Illusionen schaffe, solle man sich ohne Erwartungen mit gerader Wirbelsäule und ineinandergelegten Händen längere Zeit in den Lotussitz begeben und die Gedanken nicht-wertend beobachten und ziehen lassen. Dies ist „Nur-Sitzen" (jap. *shikantaza*), und weil man dabei kaum Böses anstellen kann, seien dabei auch alle Gebote oder Regeln gleich mit verwirklicht. Schon früh wurde dieser Ansatz von anderen Schulen als stumpfsinniges Sitzen kritisiert, aber auch innerhalb des Soto-Zweiges in Frage gestellt, wo man Dogen Zenji Missverständnisse bei der Lektüre chinesischer Schriften vorwarf.

Das meditative Sitzen ist die wohl einfachste und effektivste Art ist, sich in möglichst vollkommener Stille des eigenen Gedankenflusses bewusst zu werden. Doch hat diese Fixierung auch eine ganze Industrie von Veranstaltungen und selbst ernannten

Lehrern hervorgebracht, die in regelmäßigen „Sesshin", d. h. intensiven Meditationsperioden, bis hin zu betuchten Managern eine Klientel findet, der sie mit stundenlangem Sitzen den Eindruck vermittelt, so würden sich ihre wesentlichen Probleme lösen. Ein großer Teil dieser Kursleiter – ob sie sich „Meister", „Roshi" oder sonst wie nennen – hat weder hinreichende Erfahrung in asiatischen Zen-Klöstern gesammelt noch sich anderweitig ein tieferes und umfassendes Verständnis der Zen-Tradition angeeignet.

Im Folgenden soll anhand von bisher meist weniger bekannten Redewendungen des Zen aufgezeigt werden, worum es tatsächlich geht. Diese so genannten „Schlüsselwörter" oder „Erkenntnissprüche" (jap. *jakugo*) galten in der traditionellen Koan-Schulung des Zen als mögliche passende „Antworten" oder Reaktionen eines Schülers auf die vom Meister vorgetragene „Aufgabe", die sich in der Rätselhaftigkeit eines Koan verbirgt, das wiederum meist eine kurze Geschichte von der Erleuchtungserfahrung alter Meister erzählt. Tatsächlich beschreiben diese Aussprüche und Gedichtzeilen vor allem die Einstellung des Zen-Übenden zum Dasein. Ich möchte Sie, liebe Leser/innen, am Ende jedes Beispiels ermutigen, eine solche Zen-Erkenntnis in ihren eigenen Alltag umzusetzen oder zu bedenken. So können Sie Zen leben, ohne in einer bestimmten Haltung zu sitzen oder an Dogmen zu glauben.

Leben aus der Poesie des Zen

1

Der gemalten Schlange einen Fuß anhängen [4]

Als nicht mehr allzu junger Mann wundere ich mich über einen Modetrend: das Tätowieren. Lange galt es als Vorrecht von Seefahrern und Kriminellen, sich die eigenen Körper mit bleibenden Malereien zu verzieren, Frauen, Orte, Namen mit spezieller Nadel und Tinte (oder einem Holzkeil) in die Haut ritzen oder klopfen zu lassen. In Thailand, wo ich jahrelang lebte, hat sich dieser Trend nicht nur in den ärmeren Gesellschaftskreisen durchgesetzt, sondern sogar in königlichen Gefilden. Zudem tragen nun auch viele Damen – für mich unbegreiflich – große, in meinen Augen hässliche Vögel über ihren Brüsten, die einen von oberhalb ihrer Kleidung anstarren. Einmal hörte ich von einem Ausländer, die dort „Farang" genannt werden, dass er regelmäßig ihm gefällige Frauen ins Tattoo-Studio schleppte, um ihnen dort auf seine Kosten ein Bild stechen zu lassen. War das seine Art, sie zu „markieren"?

Nun möchte ich hier nicht die Damenwelt mit Schlangen gleichsetzen, die Frau als Verführerin ist ein Bild aus der Bibel. Vielmehr werden wir im obigen Zen-Spruch zunächst von der Schönheit eines Gemäldes angeregt, und analog dazu möchte ich die Frau als ein solches Gemälde sehen. Warum möchte ein Künstler ihr noch etwas „anhängen" wie eine Tätowierung, was nur in den Augen weniger ihre natürliche Schönheit tatsächlich erhöhen wird?

Ich klinge wohl altmodisch. In der Tat kann auch ein der Schlange angemalter Fuß originell und witzig wirken und eine neue Perspektive eröffnen. Betrachten wir unser Leben einmal genauer, werden wir vielleicht feststellen, dass es da eine Menge gibt, was „überflüssig wie ein Kropf" ist. Kürzlich hörte ich von zahlreichen Anregungen aus Japan, das eigene Leben zu vereinfachen, von Marie Kondo, einer großen Entmisterin und Aufräumerin, bis hin zur japanischen Lebenskunst *Ikigai*. Ich möchte Sie aber nicht bitten, jedes Kleidungsstück aus Ihrem Schrank zu holen und sich zu fragen, ob sie es noch mögen oder nicht. Sie müssen ihre Kleidung gar nicht mit solchen Emotionen verbinden, es genügt, wenn diese ihren Zweck erfüllt. Auch Glück und Wohlbefinden, wie sie im Zusammenhang mit *Ikigai* betont werden, will ich nicht weiter strapazieren, auch wenn mein Buchtitel dies aus Marketinggründen suggeriert. Letztlich wissen Sie nur selbst, was sie glücklich macht. Doch gehen Sie bitte mal durch Ihre Wohnung, durchstöbern Sie Ihr Hab und Gut, und fragen Sie sich: Wo überall ist der Schlange ein Fuß angemalt?

Was brauche ich nicht? Wie geht es einfacher?

2

*Einer fragt mich nach dem tiefsten Sinn:
Lächelnd deute ich auf den Herbstmond*[5]

Sinnfragen muten oft schwermütig an. Auf den Mond zu deuten heißt vielerlei im Zen. Der runde Mond kann für die Erleuchtung stehen. Der Mond spiegelt sich in allen Gewässern, und doch können wir ihn nicht festhalten. Er versinnbildlicht die Buddha-Natur, das heißt unsere gemeinsame Natur, die in uns allen aufscheint, ohne dass wir sie tatsächlich als etwas uns eigenes fassen könnten. Was auch immer wir über den Sinn des Lebens sagen könnten, wir haben es uns doch nur ausgedacht, vielleicht um uns zu beruhigen oder um einfacher auf bestimmte Ziele hinarbeiten zu können. Letztlich ist da – der Mond, der keinen Unterschied macht, auf den brutalen Schläger wie den Pazifisten scheint, sich im klaren See und gar in einer schmutzigen Pfütze findet. Der Zen-Meister Renseki sah ihn erst in seinem reinen Herzen gespiegelt. Doch bei all den Spiegelbildern ist da, wie der Dichter Basho anmerkte, nur *ein* Mond. Wenn wir aufhören, uns einen falschen Sinn vorzugaukeln, und die Dinge so sehen, wie sie sind, dann erkennen wir diesen Mond.

Einmal wurde der chinesische Meister Yunmen (jap. Ummon) gefragt, welche Worte die Aussagen von Buddha überträfen. Er antwortete: „Reiskuchen." Später kommentierte jemand in der Sprüchesammlung, die ich Ihnen hier vorstelle: „Auf dem Berg hängt der Mond den Reiskuchen von Yunmen auf ..."[6] Ist der Mond vielleicht der größte Zen-Meister von allen?

Betrachten Sie diesen einen Mond, wenn die Wolken vorübergezogen sind.

3

*Nicht von Lob geschmeichelt,
nicht von Tadel verletzt* [7]

In buddhistischen Foren herrscht häufig der gleiche raue Ton, wie er in sozialen Medien üblich ist. Zwar erinnert gerne mal jemand an die Übung der „Rechten Rede", meint damit aber meist die Tonlage eines Wohlfühlbuddhismus, wie sie von vielen oberflächlichen Autoren vermarktet wird. Bitte nicht so empfindlich! Unsere Welt ist voller offenkundiger Missstände und Probleme, und wer sich nicht nur um sich selbst dreht (weil er weiß, dass es dieses Ego nicht wirklich gibt), der kann getrost auch Klartext reden und Protest anmelden. Wenn es dann Zustimmung gibt oder Kritik hagelt: Nicht von Lob geschmeichelt, nicht von Tadel verletzt.

Ich erinnere mich an meine Gürtelprüfungen im Kung Fu. Den Gürtel musste ich mir zwar in der jeweils ordentlich errungenen Farbe selbst kaufen, aber es war die Urkunde des Lehrers, die mich als berechtigten Träger auswies. Zen-Meister Ikkyu hatte die Übertragungsdokumente seines Meisters vernichtet, und er war nicht der einzige. Im Vergleich dazu waren diese Gürtelnachweise wirklich ein Klacks. Ich zerriss sie erst in meiner Wohnung, denn ich wollte nicht, dass mein Lehrer sich beleidigt fühlte. Am liebsten hätte ich dies auch mit all meinen Schulzeugnissen und sonstigen Dokumenten gemacht, doch eines Tages wurde ich aufgefordert, all meine Ausbildungsnachweise, Zeiten der Arbeitslosigkeit und meine Tätigkeiten nachzuweisen, damit staatlicherseits eine Prognose für meine Rente abgegeben werden konnte. Diese Papiersammlung ist Ausdruck von Lob und Tadel zugleich, sie beweist meinen Einsatz ebenso wie meine Faulheit. Vor allem spricht sie von einer Vergangenheit, die mir nicht mehr viel bedeutet. Nun liegt sie immer noch in einer Schublade herum. Was würde Marie Kondo wohl hierzu sagen?

Ich habe von Schauspielern gehört, die sich weder ihre Filme anschauen noch Kritiken lesen: Sie würden es nicht ertragen, ihre Fehler zu sehen oder vorgehalten zu bekommen. Auch diese Menschen möchte ich ermutigen, all den relativen Wahrheiten und Ansichten ins Gesicht zu sehen, denn mehr als das sind sie nicht.

Wagen Sie jeden Tag etwas, für das sie gelobt und getadelt werden könnten. Auch von sich selbst.

4

Eine einmalige Begegnung [8]

Was bedeutet es, ganz im Hier-und-Jetzt aufzugehen? Ist denn irgendetwas anderes überhaupt möglich?

Manchmal sind wir nicht „bei der Sache", wir tun etwas mechanisch und routiniert, und weil wir es schon so oft zuvor getan haben, passiert vielleicht dabei nicht einmal ein Malheur. Wenn unsere Gedanken jedoch ganz bei der Tätigkeit verweilen, die wir verrichten, wenn wir uns also darauf konzentrieren, würdigen wir nicht nur, was wir tun, sondern wir bringen auch den Dingen, mit denen wir umgehen, Respekt entgegen. So zum Beispiel beim Kochen, aber auch, wenn wir nur ein Fertiggericht öffnen und verzehren, für das sich andere Menschen Mühe machten. Wie befriedigend es ist, wenn wir beim Saubermachen auf die Details achten und uns Flecken und Unreinheiten auffallen, die wir monatelang missachtet hatten. Jede Situation ist einmalig, und erst recht können wir jede menschliche oder auch tierische Begegnung als einmalig ansehen.

Zu den einmaligen tierischen Begegnungen, die mir in Erinnerung sind, gehört diejenige mit einem Brummer von Käfer. Das große Insekt war in den Hotelpool gefallen, in dem ich morgens meine Bahnen zog. Ich hob es auf der Handfläche empor und es flog davon. Am folgenden Tag saß ich zum

Trocknen bereits neben dem Pool, als plötzlich ein Käfer von genau diesem Aussehen vor mir auftauchte. Dies war die zweite und einzige weitere Begegnung mit dem Tier. War es überhaupt dasselbe? Es schwebte ein Weilchen vor meinem Gesicht, und ich konnte das leichte Surren seiner Flügel hören. Mir war, als würde der Käfer mich anschauen. Dann flog er weg. Ich weiß nicht, ob das seine Art war, sich zu bedanken, oder ob er sich einfach fragte, was ich denn für ein komisches Wesen sei. All das sind meine Projektionen auf ein Tier, dessen tatsächliche Wahrnehmungswelt ich nicht kenne. Doch bei unseren beiden Begegnungen schien mir so etwas wie eine Vertrautheit, ja beinahe Freundschaft zu entstehen, und obwohl sie nur aus kurzen Augenblicken bestanden, wirkten sie intensiv.

Lebewesen, die zunächst vielleicht ein Gefühl der Abneigung erzeugen, sind eine gute Gelegenheit für Ihre nächsten einmaligen Begegnungen.

5

Eine Blüte öffnet sich – überall ist Frühling [9]

Im Buddhismus wurden so genannte Bodhisattva-Gelübde erfunden. Ein Bodhisattva ist ein erwachtes Wesen, das anderen dabei helfen möchte, ebenfalls zu erwachen. Folglich lautet eines der Gelübde, aufs Nirwana zu verzichten, also das Beenden des Kreislaufs der Wiederkehr, bis alle Wesen errettet seien. Ein sinnloses Unterfangen, werden Sie nun denken, wie soll das je möglich werden? Dennoch meinen viele Buddhisten, sie könnten sich auf ihre Praxis besser konzentrieren, wenn sie erst einmal diese Gelöbnisse abgegeben haben. Besonders amüsant ist das, wenn die gleichen Praktizierenden einer Tradition angehören, in der gefordert wird, man müsse ohne jegliche Absicht und ohne Ziel Zazen, die Sitzmeditation, üben. Darum lege ich auch keinerlei Wert darauf, Ihnen solche Gelübde ans Herz zu legen. Wichtiger ist zu verstehen, dass die Zen-Übung, für andere da zu sein, sich nicht auf den Wunsch beschränkt, diese mögen erwachen, und dass sie sogar ganz davon absehen kann. Endlos und immer wieder anderen eine Hilfe sein zu können, im Rahmen der eigenen Möglichkeiten, ist eine erfüllende Eigenschaft.

Ein anderer Satz, der hiermit in Verbindung steht, lautet: „Erwache ich, dann erwacht die ganze Welt mit mir." Nun wissen wir, dass unsere eigenen Einsichten oft von anderen nur mit Kopfschütteln quittiert werden. Sollten wir eine tiefe Erweckungserfahrung erleben, werden doch die Menschen, denen wir begegnen, mit den gleichen Ansichten und Denkschablonen auf uns reagieren wie zuvor. „Verdammt", denken wir dann, „die anderen erwachen einfach nicht." Was wir freilich erkennen können – und dies meint der Satz vom gemeinsamen Erwachen –, ist die in allen angelegte Buddha-Natur, also ein ursprüngliches Selbst, eine Daseinsrealität, die uns allen gemeinsam ist und die andere nur noch nicht auf die gleiche Weise erkannt und verwirklicht haben. Eine (unsere) Blüte hat sich geöffnet, und überall ist Frühling, überall ist dieses Potential erkennbar. Nicht nur ich habe Nirwana erblickt, sondern allen winkt dieser Frühling.

Freuen Sie sich, dass etwas Schönes, das gerade vor ihren eigenen Augen entsteht, an jedem Ort und aus jedem Phänomen entstehen kann.

一日不作、一日不食

6

Ein Tag ohne Arbeit ist ein Tag ohne Essen [10]

Als mein Vater gestorben war, schaltete ich eine Todesanzeige in einer Zeitung und zitierte den obigen Zen-Spruch, obwohl mein Vater kein Buddhist war. Verstanden hat ihn kaum ein Leser, wie ich feststellen musste. Dabei sollte er das Wesen meines Vaters zusammenfassen. In einer alten Geschichte heißt es, Mönche hätten ihrem Meister die schwere Arbeit ersparen wollen, weil er schon alt und gebrechlich war, und deshalb eines Morgens die Gartenwerkzeuge versteckt. Doch der Alte sagte streng: „Ein Tag ohne Arbeit ist ein Tag ohne Essen." Und die Mönche mussten einsehen, dass der Meister sich sein Essen durch Arbeit verdienen wollte und mit einem Hungerstreik drohte.

Die Selbstversorgung, die zur Zen-Tradition gehört wie der Almosengang, erfordert zuweilen körperliche Anstrengung, etwa für den Reis- und Gemüseanbau. Mein Vater hatte nach seiner gewöhnlichen bezahlten Arbeit den Drang, sich abends und an Wochenenden in unserem Garten um allerlei Pflanzen wie Tomaten, Salate, Gurken, Karotten, ja sogar Kartoffeln zu kümmern. Als gelernter Landwirt wusste er genau, was zu tun war. Eines Tages kam es zum Reaktorunglück in Tschernobyl, und wegen des drohenden radioaktiven Niederschlags machte er sich Sorgen, ob sein Gemüse noch gesund sein würde.

Als mein Vater im Rentenalter an Krebs erkrankte, konnte er am Ende nichts mehr essen. Abgemagert lag er im Bett, mit Beuteln am Körper für seine Ausscheidungen. Draußen im Park trafen sich regelmäßig Jugendliche hinter unserem Garten und machten noch abends Lärm. Meinen Vater schien dies zu irritieren, weswegen ich kurzerhand die alte, vermodernde Bank, auf der die Jugendlichen saßen, durchsägte und entsorgte. Ich war hilflos, ich konnte sonst nichts mehr für ihn tun. All die Wundermittel, die für Krebskranke angeboten wurden – zum Beispiel ein Pulver aus Haifischknorpeln (weil Haie angeblich nicht an Krebs erkrankten), worauf ich selbst hereingefallen war –, zogen an meinen Augen vorbei. Mein Vater konnte tatsächlich, auch wenn er gewollt hätte, nichts mehr essen, als er nicht mehr arbeitete.

Die Möglichkeit, etwas vollbringen zu können – ob wir sie Arbeit nennen oder nicht –, ist ein wunderbares Geschenk. Auch an unseren freien Tagen können wir uns eine Kleinigkeit vornehmen, die zu „bearbeiten" uns das Gefühl vermittelt, unser Essen verdient zu haben.

7

Ein wahrer Mensch ohne Rang [11]

In meiner Lieblingsserie *Kung Fu* aus den 70er-Jahren mit David Carradine als Kwai Chang Caine in der Hauptrolle, die teils im Shaolin-Kloster spielt, wo sich einst Chan (Zen) und die Kampfkunst verbanden, hinterfragt ein noch junger Kwai Chang einmal die Rolle seines Abtes, Meister Kan. Der in eine schwarze Robe gekleidete Mönch erhebt sich daraufhin von seinem Sitz und bittet den Jungen, dort Platz zu nehmen. Nun sind also die Rollen vertauscht, Kwai Chang nimmt den leicht erhöhten Sitz des Lehrers ein, und Meister Kan verbeugt sich vor ihm als Schüler. Sofort sieht man dem Jungen an, wie unwohl er sich dabei fühlt.

Ich habe einmal eine kulturelle Veranstaltung für ein ostasiatisches Land betreut. Aus diesem Anlass wollte mir der zuständige Generalkonsul einen Besuch abstatten. Da ich in einer kleinen Sozialwohnung lebte, die man mir als Student zugeteilt hatte und wo ich kaum einmal Gäste empfing, ja nicht einmal ein Sofa oder einen Tisch für solche Anlässe stehen hatte, verlegte ich das Treffen auf das nahegelegene Mietshäuschen meiner Mutter. Sie backte dann sogar einen Kuchen. Als der Konsul Platz genommen hatte, fragte ich, ob er allein gekommen sei. Er antwortete, draußen wartete sein Fahrer, woraufhin ich bat, diesen hereinzuholen.

Der Fahrer schien ausgesprochen dankbar dafür zu sein. Später kam eine Einladung zu einem anderen Event, für das der Generalkonsul verantwortlich zeichnete. Inzwischen war einige Zeit vergangen, und als ich dort auftauchte, fiel mir gleich ein bekanntes Gesicht auf, und ich ging auf den Mann zu und begrüßte ihn erfreut. In diesem Augenblick hatte ich wohl gedacht, dem Gastgeber die Hand zu schütteln, doch es war der Fahrer. Als mich, wie mir schien (aber die Erinnerung kann da ja täuschen), aus der Ferne der wahre Konsul etwas erstaunt anschaute und auf sich aufmerksam machte, ging ich auf ihn zu und begrüßte auch ihn, wie es andere zuvor auf dem Gang vor dem Vortragssaal getan hatten. Mir war klar: Ich hatte die Etikette verletzt. Doch noch heute muss ich darüber lachen, und ich hoffe, die anderen Beteiligten tun es ebenfalls.

Auch wenn wir einen bestimmten Platz gemäß unseren Fähigkeiten beanspruchen mögen – vergessen wir nie, dass wir alle letztlich ohne Rang sind.

8

Das Brett schultern, bis zum Tod [12]

Bei diesem Ausdruck fällt mir die Szene aus einem Film mit *Dick und Doof* – Laurel & Hardy – ein (und noch einmal: Meine Erinnerung kann mich täuschen und ich verdrehe in meiner regen Fantasie gerne mal was). Oliver Hardy, der Dicke, trägt da bei Bauarbeiten ein Brett auf seiner Schulter durchs Bild, geht von rechts nach links ab, dann scheint das Brett nicht enden zu wollen, ehe ein grinsender Stan Laurel (Doof) mit der Planke auf seiner Schulter auftaucht, woraufhin das Brett aber weiter und weiter in der Luft schwebend durchs Bild zieht, bis schließlich am Ende nochmal ein dasselbe Brett schulternder Stan Laurel auftaucht.

Manchmal sagt man Zen-Übenden, damit sie nicht ungeduldig in ihrer Ausbildung werden, zum stundenlangen Sitzen: „Denke einfach, es hört nie auf." Wir alle wissen, dass die Erwartung, etwas möge bald zu Ende gehen, dazu führt, dass wir diesem Zeitpunkt innerlich ungeduldig entgegenfiebern. Meist steckt dahinter eine Wertung: Was unangenehm ist, möge bitte aufhören. In einer Geschichte, wo ein Schüler immerhin die Geduld hat, erst nach zehn Jahren den Meister zu fragen, wann er denn endlich den geistigen Durchbruch erzielen würde, antwortet der Lehrer: „Übe nochmal zehn Jahre." Und nach einer Dekade wieder:

„Noch weitere zehn Jahre." Das ist die Einstellung, das Brett bis zum Tod zu schultern.

Denken Sie zum Beispiel im Wartezimmer oder gar auf dem Zahnarztstuhl: „Es hört nie auf." So ersparen Sie sich den inneren Widerstand, wenn die Wurzelbehandlung oder das Anpassen der Krone mal wieder ewig zu dauern scheinen.

9

*Eine Schale Moral, die nicht vollkommen ist,
kann das Wasser des Zen nicht halten* [13]

In der Einleitung sprach ich davon, dass im Buddhismus oft zu viel Tamtam um weltweit selbstverständliche Verhaltensregeln gemacht wird. Dabei könnte der Eindruck entstanden sein, Moral sei im Zen etwas Beliebiges. Doch abgesehen von der jeweiligen Situation, die eine eigene Bewertung erfordert, und einem „Outside the box"-Denken, das flexibel sein lässt, sollte es im Zen-Übenden eine sichere ethische Verankerung geben. Diese geht jedoch weit über Regeln hinaus. Sie deckt sich mit modernen Erkenntnissen der Empathie-Forschung, wonach derjenige am moralischsten handeln kann, der in der Lage ist, möglichst viele Perspektiven einzunehmen oder zu verstehen. Ist man also in der Lage, auch eine gänzlich andere Ansicht und Wertung zu akzeptieren und nachzuvollziehen, kann man sein ethisches Handeln viel breiter und umfassender gestalten. Sich als Heterosexueller in die Lage von Homosexuellen zu versetzen, ja sich sogar vorstellen zu können, wie sich jemand weder als er oder sie definieren will, oder als Anhänger der Kernkraft offen für alternative wiedererneuerbare Energien zu sein, wären zwei Beispiele. In der Corona-Krise haben wir erlebt, wie sich Fronten verhärteten, als Zweifler die Gefahr des Virus nicht anerkennen wollten und Experten sich gegen die Meinung anderer Experten verwahrten, ein solches Virus rechtfertige nicht all den wirtschaftlichen und psychischen Schaden durch die Einschränkung vieler Grundrechte. Problemlösungen werden erleichtert, wenn eine Diskussion offenbleibt und die eigene, fest umrissene Position nicht verhindert, diejenige der anderen umfänglich verstehen zu wollen. Darum ist die übliche „Schale Moral" der buddhistischen Regeln für das Zen nicht genug. Unser Geist soll alle und alles erfassen können.

Achten Sie einmal auf die inneren Widerstände und den Ärger, der aufkommt, wenn jemand eine Ansicht äußert, die der Ihrigen diametral entgegensteht. Lassen Sie diese Widerstände und den Ärger vorüberziehen, um offen für die Meinung der anderen zu werden.

10

*Eine Kuh in Berlin frisst Gras,
ein Pferd in München wird satt* [14]

Im ursprünglichen Zitat stehen natürlich nicht Berlin und München, sondern Huaizhou und Yizhou, Orte in China. Auch diese Idee wurde, vielleicht ohne Kenntnis des Originals, von einem Komiker aufgegriffen. Woody Allen erzählte einmal von Zwillingen: Der eine in New York ging duschen, der andere in Russland wurde sauber. Wir können hierin eine Metapher für das Bedingte Entstehen (skt. *pratitya samutpada*) sehen, ebenfalls ein grundlegendes Konzept im Buddhismus. Wahrscheinlich werden Wissenschaftler nachweisen, dass auf einer Mikro-Mikro-Mikro-Ebene die Veränderung eines Kleinstteilchens an einem bestimmten Ort noch auf der anderen Seite des Globus eine Auswirkung hat. Andererseits fragen wir uns manchmal, warum eine Tat fruchtlos bleibt, von der wir uns bestimmte Resultate erwarteten. Auf Englisch wäre der passende Rat, jedes dogmatische Konzept „with a grain of salt" zu betrachten, also mit Vorsicht zu genießen (was ich hier nur einflechte, weil Salz gesünder ist als sein Ruf). Das Alles mit Allem zusammenhängt ist wohl eher eine Wunschvorstellung, die den Erfindern des alten Buddhismus dazu diente, die unabwendbaren Folgen jeder Absicht, jeden Gedankens und jeder Tat zu betonen, wie sie sich im Karma jedes Einzelnen äußern. Schließlich sorgte die „Zwölfgliedrige Kette des Entstehens" für die detailreiche Untermauerung, wie eins zum anderen kommt. In vielen Schulen des Buddhismus heißt dies, dass durch Unkenntnis (der Vier Edlen Wahrheiten) eine Kette von Bewusstsein, Vorstellungen, Empfindungen entsteht, die letztlich den Kreislauf von Geburt, Leid, Alter und Tod in Gang hält.

Denken wir lieber wie die Königin Srimala im gleichnamigen Sutra: Es gibt nur eine Wahrheit: die vom Auflösen des Leidens. Was wir tun können, ist unser *gedankliches* Leiden beenden, wozu auch die Verstrickung in Modelle wie Karma und Bedingtes Entstehen gehört. Erst eine solche Freiheit lässt uns etwas Wichtigeres erkennen:

Ich trinke Wasser, und die ganze Welt hat Durst.

11

Bring die Toten zurück, töte die Lebenden! [15]

Manchmal wünscht man sich alte Zeiten zurück. In denen scheinbar alles besser war. Auch die Menschen. Sie hatten mehr Benimm, sie waren weiser, nicht so gierig und unaufmerksam wie die Generation Handy. Als ich mich umschaute nach Lehrern, sah ich weit und breit keinen fähigen Zen-Menschen mehr und fand sie nur in Büchern. Männer vom Schlag eines Rinzai (chin. Linji) und Bankei oder mit der poetischen Kraft eines Ikkyu und Ryokan waren nach meinem Geschmack, ob sie nun der Einsiedelei oder der Liebeslust frönten. Zu meiner Zeit jagte ein Skandal den anderen, hier wurde ein „Meister" überführt, weil er Geld unterschlagen hatte, dort, weil er seinen Schülerinnen an die Wäsche ging, und viele hatten bei genauer Betrachtung gar keine rechte Zen-Schulung durchlebt und gaben nur dünne, angelesene Plattitüden von sich. Schaut man sich den obigen Spruch an, dürfte es in alten Zeiten nicht bedeutend anders gewesen sein.

Wenn wir uns heute auf der Welt umschauen, sehen wir Diktaturen und Diktatoren, die über viele Jahrzehnte hinweg Reichtümer anhäufen, dabei eine gewisse Portion Schrecken verbreiten, ihre Bevölkerung in Armut verharren sowie hin und wieder Gegner aus dem Weg räumen lassen. Für

Zöglinge westlicher Demokratien klingt es abwegig, mit anderen Mitteln als der Geduld, der Aufklärung und der Hoffnung auf eine breite Mittelschicht in diesen Ländern für einen politischen und sozialen Wandel zu sorgen.

Der Samurai Yagyu Munenori, der seine Schwertkampfkunst mit Zen-Lehren seines Meisters Takuan Soho unterfütterte, wusste ebenso wie der berühmtere Miyamoto Musashi um das „Leben gebende" wie das „Leben nehmende Schwert". Realisten erkennen, dass eine gewisse Bösartigkeit in der Welt unausrottbar ist, und dass wir zuweilen Gewalt anwenden müssen, um sie zu beenden. Was danach kommt, bleibt ungewiss. Wir sollten uns über den Zustand der Welt keine Illusionen machen und unser Handlungsspektrum an dem orientieren, was Leidende – nach Rücksprache – am effektivsten vom Leiden befreit. Dies war offenbar auch eine Motivation Buddhas. Wie aber ist dem anderen geholfen, wenn ich nur mein Leid verringert oder beendet habe?

Wie weit würden SIE gehen, um andere Menschen vom Leiden zu befreien?

12

Im Sarg liegend die Augen weit öffnen [16]

Von Sawaki Kodo stammt die Idee, das Leben aus der Perspektive des Sarges zu betrachten, also mich als tot zu imaginieren und mir dann vorzustellen, was eigentlich noch welche Bedeutung hätte. Wahrscheinlich kommen Sie, wenn Sie es mir gleichtun, zu einem ähnlichen Schluss wie Astronauten, die beim Blick aus dem All auf unsere Erde erkannten, wie unbedeutend und klein wir im großen Universum sind. Und doch – wir selbst sind es, die unserer Existenz und unseren Taten Bedeutung geben können. Vom Sarg aus mit großen Augen schauend, lernen wir, welche Dinge uns wichtig sein sollten und welche nicht. Dabei sollten wir freilich bedenken, was der Samurai Yamamoto Tsunetomo lehrte: Scheinbar unwichtigen Ereignissen eine detailgenaue Beachtung zu schenken, weil sie sich zu etwas Entscheidendem entwickeln könnten.

In jüngerer Zeit fiel mir auf, wie leicht unsere Grundrechte eingeschränkt werden konnten, und ich fragte mich, ob dem nicht mehr Aufmerksamkeit gebührte, weil es damit enden könnte, dass wir in Zukunft nach Belieben von einer Regierung bis in unser Privatleben hinein gegängelt werden könnten. Ich lebe zum Beispiel gerade in einem Land, wo man entgegen wissenschaftlicher Erkenntnisse meint, im Freien müsse jeder, auch wenn er sich nicht mit einem anderen unterhält und nur einen Spaziergang macht, einen Mund-Nasen-Schutz tragen. Mein Asthma hat sich dadurch verschlechtert. Ich glaube nicht, dass diejenigen, die sich so etwas ausdachten, eine Idee davon haben, wie die Sarg-Perspektive ist: Der Tod erwartet uns alle, also lasst uns fragen, wie wir am besten leben können.

Was sehen Sie, wenn Sie sich vorstellen, vom Ende her auf ihr Leben zu blicken? Was ist wirklich von welcher Bedeutung?

13

Iss, wenn du hungrig bist;
schlaf, wenn du müde bist [17]

Leichter gesagt als getan. Wann genau bin ich hungrig, und wann habe ich nur Appetit auf etwas Leckeres? Kürzlich habe ich das Intervallfasten in meinen Tagesablauf eingebaut. Eine App hilft mir dabei. Anfangs vergaß ich in der Zeit des sechzehnstündigen Fastens, dass auch das Bisschen gesüßte Sojamilch in meinem Tee nicht zielführend ist und ich wirklich nur Wasser oder ungezuckerten Tee trinken sollte. Anregungen holte ich mir bei Experten der Keto-Diät auf *YouTube*. Allerdings wollte ich weder von Nudeln noch vom Obst und den *Weetabix*-Zerealien lassen. Dennoch brachten die Reduktion der Kohlenhydrate, zwei Mahlzeiten innerhalb von acht Stunden pro Tag und der vermehrte Konsum von Gemüse einen erstaunlichen Gewichtsverlust von acht Kilo in den ersten beiden Monaten. Und das ohne zusätzliche sportliche Aktivität, ich machte weiterhin ein wenig Gymnastik, schwamm hin und wieder oder saß beim Fernsehen auf meinem Heimfahrrad. Zugegeben, manchmal hatte ich Hunger, und das bildete ich mir nicht nur ein, wenn mein Magen knurrte. Einmal musste ich darum „das Fasten brechen". Ich fand eine Dose mit Kidneybohnen, die ich verschlang, ohne sie zu erhitzen, nur um dann bei meiner Recherche zu sehen, wie mein Lieblingsexperte Dr. Ekberg von Kidneybohnen ausdrücklich abriet.

Ich lebte in den letzten Jahren vor allem in Südostasien, wo sogar auf dem Land Klagen wegen nächtlicher Ruhestörungen zu hören sind, da sich viele Hausbesitzer Hunde halten, die bei jedem Passanten Alarm schlagen. Tags lässt schon mal jemand über riesige Boxen auf seinem Grundstück Schlager ertönen, oder es beschallen Werbefahrzeuge die Dorfgemeinschaft. Manchmal glaubt man nicht, welche Dezibelgrenzen einige Länder festgesetzt haben. Ich würde gern sagen, dass meine Coolness mich dazu befähigt, das alles zu überschlafen. Doch unsere archaischen Warnsysteme, die uns bei verdächtigen Geräuschen sogar im Schlaf aufschrecken lassen, lassen auch mich zu Hilfsmitteln wie *Ohropax* oder zu Kopfhörern greifen. Es ist einfacher, nur zu essen, wenn ich hungrig bin, als am Tag die gestörte Nachtruhe mit einer Reihe von Nickerchen wettzumachen. Selbst beim Verfassen dieses Buches bin ich schon eingeschlafen. Wie schön wäre doch eine stillere Welt, wo sich niemand in die Berge zurückziehen muss, um zur Einkehr zu kommen.

Wenn Sie bei der Lektüre dieses Buches schlafen möchten, tun Sie es!

14

Reite dein Pferd auf der Schneide eines Schwertes, versteck dich inmitten von Flammen [18]

Einmal sagte ich in einem Interview: „Ich bin Zen." Ein anderes Mal kritisierte ich in einer *Facebook*-Gruppe, dass viele Nachfolger eines in Europa einflussreichen Meisters die Sitzmeditation Zazen mit Zen gleichsetzten. Wieso denn nicht, war die Gegenfrage einer seiner Schüler. Und meine Antwort: „Zen beginnt, wenn man nicht mehr sitzt."

So ganz richtig ist das nicht. Ich wiederhole zur Sicherheit, dass auch ich dies so sehe: Zazen als meditatives Sitzen ist die erprobteste und mit hoher Wahrscheinlichkeit effektivste Methode, sich des eigenen Gedankenflusses bewusst zu werden und zu lernen, diesen nicht mehr weiter zu nähren und nicht-wertend vorm geistigen Auge vorüberziehen zu lassen. So wird „Nur-Sitzen" (jap. *shikantaza*) betrieben.

Will man eine herausragende Erschütterung im Sinne einer Erleuchtung erleben, scheiden sich die Geister der Zen-Schulen, und manche glauben, dies sei nur durch die Konzentration auf eine scheinbar unlösbare Aufgabe, ein Koan, möglich. Dabei wird das Koan während des Sitzens im Sinn behalten. Zweifel und Verzweiflung (ob der Unmöglichkeit, rein logisch dem Problem des Koan beizukommen) führen im Idealfall irgendwann zu einer solchen Krise, dass plötzlich Einsicht ins Wesen unserer Existenz geschieht. Wie wir aus vielen überlieferten Geschichten wissen, können ganz verschiedene Situationen dafür der Anlass sein, und meist geschieht es gar nicht während des Sitzens, sondern bei einer Tätigkeit, oder z. B. wenn man etwas beobachtet, sich den Fuß anstößt usw.

Ich selbst möchte dem Interessierten die übertriebene und oft fehlleitende Hoffnung auf ein großes Erweckungserlebnis einerseits ersparen, es andererseits aber auch nicht ausschließen oder die Konzentration auf ein spezifisches Problem und seine Lösungsmöglichkeit als falschen Weg bezeichnen. Mein Kompromiss besteht darin, abseits vom Sitzen genau die Probleme im eigenen Leben als Koan zu betrachten und zu bearbeiten, die dazu beitrugen, dass man sich überhaupt dem Zen zuwandte. Man kehrt also unmittelbar in den eigenen Alltag mit all den zwischenmenschlichen Empfindlichkeiten (der „Schwertscheide") und den Streitigkeiten (den „Flammen") zurück, statt sich in ein abgelegenes Übungszentrum zu begeben. Das Übungsfeld ist genau dort, wo die wirklichen Gefahren lauern, da, wo die „Gemeinschaft" keine solch verbindlichen Hausregeln und keine allgemein akzeptierte Hierarchie hat wie im Kloster. Wenn eine Partnerschaft erkaltet ist, wird gezielt an dieser Partnerschaft gearbeitet und geübt: Ob z. B. durch Zurücknahme des eigenen Egoismus eine Rettung möglich ist oder der/die Andere losgelassen werden sollte.

Kommt jemand aus anderen Gründen zum Zen oder empfindet solcherlei Konflikte gar nicht, kann man mit Gleichgesinnten einer Zen-Gruppe in Absprache mit den Kennern eines Dorfes oder eines Stadtteils Aufgaben in Angriff nehmen, die dem lokalen Umfeld und der unmittelbaren Umgebung und Gesellschaft dienen. Darunter kann z. B. die Betreuung von Hilfsbedürftigen fallen oder körperliche Arbeiten, die die Gegend verschönern.

Was auch immer ihre Probleme sind, benennen Sie sie klar und üben Sie den Umgang damit auf Zen-Art: Nicht-wertendes Annehmen, Loslassen, Ichlosigkeit. Von wem oder was wollen Sie lassen? Wem wollen Sie etwas sagen? Bei wem oder wo etwas gutmachen? Nur zu.

15

*Keine Nachkommen haben,
aus Furcht vor Trauer* [19]

Ich bin nun Mitte Fünfzig und habe keine Nachkommen. Eine wirklich bewusste Entscheidung war das nicht. Ich bin kein Antinatalist. Die Anhänger dieser Sichtweise wollen keinerlei Kinder mehr zeugen, weil zu leben für sie mehr Leid bedeutet als nicht zu leben. Dafür möchten sie nicht verantwortlich sein. Ich teile diese Ansicht nicht. Für die meisten Menschen auf der Welt, denke ich, ist das Leben so lebenswert, dass sie es am liebsten behalten wollen, so lange wie möglich. Stellt man sich den umgekehrten Fall vor, dass wir eines Tages sehr langlebig, vielleicht gar auf eine gewisse Weise (durch Erhalt unseres Hirnes?) unsterblich würden, kommt sogleich die Frage auf, ob man dann nicht irgendwann, weil man schon alles erlebt oder gesehen hätte, aus Langeweile lieber abträte. Doch da sind wir noch nicht. Wie weit von kindlicher Pietät, der Ehrerbietung gegenüber den Eltern, wie sie noch Konfuzius lehrte, sind freilich diejenigen entfernt, die ihre Erzeuger verklagen möchten, weil sie ihnen ungefragt Leben schenkten?

Einmal machte ich diesen Fehler: Nachdem ich mich einen Tag lang um das Kind einer Bekannten gekümmert hatte und sie mit ihrer Mutter auf der gegenüberliegenden Straßenseite nach Hause ging, drehte ich mich noch einmal um. Als das Kind mich ansah, winkte ich, doch weil es noch sehr jung war, missverstand es dies als Aufforderung, auf mich zuzulaufen. Es riss sich von der Hand der Mutter los und wäre beinahe vor ein Auto gerannt, hätte die Mutter es nicht noch zu fassen bekommen. In diesem Augenblick durchfuhr es mich wie ein Blitz. Wie hätte ich damit gelebt, wenn das Kind durch mein unbedachtes Winken zu Tode gekommen wäre?

Trauer bleibt in unserem Leben nicht aus. Das eigene Kind zu verlieren mag die schwerstmögliche Trauer auslösen. Doch die Frage, die sich dabei stellt, ist kaum anders als die beim Verlust von allem anderen, an dem das eigene Herz hängt. In dieser Welt, in der das Überleben der eigenen Nachkommen wahrscheinlicher ist als deren Tod, könnte selbst ich noch ein Kind zeugen, und wenn ich meine Lebenserwartung von knapp 80 Jahren erreiche, miterleben, wie es an eine Universität geht oder eine Berufsausbildung beginnt. Am Ende werde ich jedoch so oder so vor der unwägbarsten Frage stehen, einer, die sich mir nur ein einziges Mal stellen dürfte:

Wie lasse ich los, wenn es mit mir selbst zu Ende geht?

枯木再生花

16

Der tote Baum blüht noch einmal auf[20]

Was mich zu einer anderen Frage bringt: Wann ist es eigentlich für etwas zu spät? Einer meiner Jugendhelden, Captain Kirk, hat in seiner leibhaftigen Gestalt als William Shatner kürzlich seinen neunzigsten Geburtstag gefeiert. Weil er außerdem einen neuen Film abgedreht hatte, konnte man ihn in diversen Talkshows sehen, meist zuhause vor seinem Computerbildschirm sitzend, wo er auch schon mal nebenher Sushi aß. Shatner hatte ein kleines Bäuchlein, und Sushi sind ja nicht so gesund, wie manche glauben, da der Reis den Blutzuckerspiegel hochtreibt. Trotzdem meinten einige Zuschauer, dass er sicher einhundert Jahre alt würde, weil er geistig so fit wirkte. Mit seinen nachdenklichen Worten zur Einsamkeit und zum Sterben sowie seinen praktischen Ratschlägen, im Alter aktiv zu bleiben, wirkte er auf mich umso mehr wie ein fest im Weltall verankerter, weise gewordener Captain Kirk. Dennoch: Das Altern sei erschreckend für ihn.

Mit dem toten Baum in unserem Spruch ist nicht unbedingt ein alter Mensch gemeint. Was aufblüht, ist der frische Zen-Geist, den man jederzeit neu manifestieren mag. Indem man „den Tigerschwanz ergreift, während man auf seinem Kopf reitet"[21], „den Ochsen des Farmers vertreibt und den Hungrigen das Essen wegschnappt"[22] oder „mit der Flöte ohne Löcher die Freude von zehntausend Jahren spielt".[23]

Tun Sie Unerwartetes, vielleicht gar Paradoxes, um damit andere aus ihren Denkgewohnheiten zu holen. Denn Sie sind frei und ungehemmt.

17

Hau die Wege der tausend Heiligen in Stücke!

Ich bin immer wieder erstaunt, wie viel Unsinn aus alten Schriften von Buddhisten nachgeplappert wird. Manchmal reden sich solche Papageien gar damit heraus, sie hätten das Beschriebene überprüft und für richtig befunden. Im Falle der Wiedergeburt erinnern sie sich dann an frühere Leben, denn welchen Beweis sollte es sonst geben? Oder sie zitieren – wie der Dalai Lama – Kinder, die sich an Ereignisse erinnerten, die sie gar nicht wissen konnten; schließlich habe der Buddha es ja auch so gelehrt, seine früheren Leben seien in den *Jataka* überliefert, einem Teil des Pali-Kanons, der in manchen buddhistischen Ländern nicht als authentisch akzeptiert wird. Da diese Vorleben Buddhas individuelle Kennzeichen gehabt haben müssten, die sie miteinander verband, der Buddhismus aber gerade lehrt, dass es ein solches Ich nicht gibt, hatte ich einmal in einem Forum gescherzt: „Dieses eine Leben da, von dem der Buddha in den *Jataka* berichtet, das war in Wirklichkeit meins. Er hat mir meine Biografie gestohlen!" (Wer könnte etwas anderes beweisen?)

Will man aus dem Pali-Kanon als der für viele maßgeblichen Überlieferung des Dharma, der Lehre, konsequent Sinn machen, wird man verzweifeln. Was ist aus heutiger Sicht etwa davon zu halten, dass ein Mönch sich als Gegenleistung dafür, durchgefüttert zu werden von der Gemeinschaft, damit begnügen kann, Binsenweisheiten von sich zu geben, die jeder selbst nachlesen oder nachhören kann? Und welche Kraft geht eigentlich von Mönchen aus, wenn in einem Land wie Myanmar etwa eine Million Mönche leben, also genau so viele wie Soldaten, noch dazu, wenn sogar von den Soldaten die meisten einmal für kurze Zeit Mönche waren, weil das dort so Tradition ist? Wie können dann Grausamkeiten des Militärs, wie sie erst während der Corona-Pandemie in diesem Land wieder aufflammten, fortdauern? Oft scheinen buddhistische Mönche nur den *Status quo* zu stützen und gesellschaftlichem Fortschritt im Weg zu stehen.

„Wenn du den Buddha triffst, töte ihn", soll Meister Rinzai (chin. Linji) einst geraten haben. Damit warnte er vor jenen, die sich als Buddha und Meister verkaufen und die man als gewöhnliche Menschen durchschauen sollte, ebenso wie vor jedem Konzept, jeder Vorstellung davon, was einzig wahr und richtig oder „Buddhismus" sei. All dies gilt es abzulegen, weswegen sich auch für die Zen-Schule das Kennzeichen „jenseits von Worten und Schriften" entwickelte. Ein weiterer Spruch heißt: „Rupf Shakyamuni die Nase ab, reiß Bodhidharma* die Augen aus!"[24]

---

* Legendärer Begründer des Chan (Zen).

Finden Sie in Ihrem Alltag heraus, was Zen ist, indem Sie immer dann, wenn ihre Gedanken Sie zu wütendem Werten verführen wollen, innehalten, tief durchatmen und diese Gedanken wie einen Windhauch vorüberziehen lassen. Das Gleiche gilt auch dann, wenn Sie meinen, eine buddhistische oder sonstige „Wahrheit" gefunden zu haben.

至道無難唯嫌揀擇

18

*Der Weg zum Erwachen ist leicht:
Vermeide einfach das Auswählen* [25]

Wir haben von Menschen gehört, die nur ein und das gleiche T-Shirt und ein und die gleiche Unterhose im Kleiderschrank haben, um nicht lange wählen zu müssen: Alles ist für jeden Tag der Woche gleich. Das kommt einer Robe nah, auch wenn man sich bei der gleichen Kleidung, die man jeden Tag wechselt, immer noch für ein exklusives Markenprodukt entscheiden könnte. Bei den Roben gibt es ebenfalls edle und teure, mit denen man angeben könnte. „Schnapp den schmierigen Hut weg, entsorge die verschwitzten Roben!"[26]

Trickst sich hier ein Wählerischer nur selbst aus? Macht es sich einfach, statt jeden Morgen Entschlusskraft zu üben? Wie ist es mit seinen Mahlzeiten, isst er da auch stets das Gleiche, um keinen Gedanken an die zahlreichen Alternativen verschwenden zu müssen?

Die Zen-Übende, die obigen Rat befolgen will, steht vor einem ähnlichen Dilemma: Soll ich etwa meinen Lebensgefährten nicht auswählen, sondern den erstbesten nehmen, der sich mir anbietet? Und soll ich bei den Lehrern nicht genau prüfen, wem ich mich anvertraue? Es gibt zahlreiche Situationen, in denen wir besser eine besonnene Wahl treffen. Dann wiederum können wir uns in

Gleichmut üben, wenn wir bei einer Einladung zum Essen einfach annehmen, was uns angeboten wird. Ein schönes Beispiel ist für mich auch Fußball. Als FC Bayern-Fan seit meiner frühen Kindheit bin ich sozusagen erfolgsverwöhnt, doch eines Tages spielten die Bayern gegen eine Mannschaft, die schon die ganze Saison über besseren Fußball gezeigt hatte, und als sie es nun wieder tat, jubelte ich auch ihr begeistert zu. Nicht auszuwählen kann heißen: Offen für die Freude an dem sein, das man – ehrlich gesagt – nicht am liebsten hat. Und bei Gegebenheiten, die einen im ersten Moment zur Vorsicht und Zurückhaltung gemahnen, diesen Impuls der Abwehr loszulassen.

Als ich kurz vor dem Abitur stand, begegnete mir auf dem Nachhauseweg eine Mutter mit ihrem geistig behinderten Kind, einem Jugendlichen in meinem Alter. Sie kamen aus einer Behindertenwerkstatt. Da sprang mir der Junge strahlend entgegen und umarmte mich. Ich tat es ihm gleich, und schon war auch auf meinem Gesicht ein Lächeln. Den Moment des Zögerns hatte ich wohl in mir bemerkt. Damals kannte ich Zen kaum. Aber als ich sah, wie die Mutter, die selbst noch versucht hatte, ihren Sohn zurückzuhalten, nun ebenfalls glücklich wirkte, da dachte ich, was wir doch alles überflüssigerweise als peinlich ansehen ...

Spüren Sie einmal dem Gefühl nach, auserwählt worden zu sein, ohne selbst auswählen zu müssen.

19
Ein kleiner Fisch verschluckt einen großen Fisch [27]

Ich bin mit amerikanischen Filmen aufgewachsen, und da wurde oft Unmögliches möglich. In der Realität kann ein solcher Glaube zu Illusionen führen, aus denen man schmerzhaft aufwacht. Weil ich träumerisch veranlagt bin, muss ich mich immer wieder daran erinnern, dass in vielen Bereichen gewisse Gesetzmäßigkeiten und Regeln zu bestimmten Ergebnissen führen und eine sachliche Herangehensweise angebracht ist. Und doch …

In meiner Schulzeit war es üblich, dass die besten Sportler die Teams zusammenstellen konnten, die gegeneinander antraten. Das waren meist diejenigen, die regelmäßig in einem Verein trainierten. Eines Tages hatte unser Lehrer etwas Wichtiges zu tun und bat uns, bis zu seiner Rückkehr in Eigenverantwortung ein kleines Fußballturnier auszutragen (wir waren der letzte Jahrgang an unserer Schule mit einer reinen Jungenklasse). Auf die Schnelle bestimmte er diejenigen, die sich abwechselnd aus unserer Klasse ihre Mannschaft rekrutieren konnten, und zu meiner Überraschung war ich dabei. Ich wählte zunächst all meine Freunde, mit denen ich auch privat kickte oder die mir sympathisch waren, und manchen ging es dabei so wie mir, zum ersten Mal waren sie in einer Mannschaft begehrt. Dazu kam noch ein erfahrener Spieler, der neu in unserer Klasse war, da er sitzen geblieben war. Die meisten Spiele endeten unentschieden, und am Ende gewannen wir mit einem Tor das Turnier. Einer meiner besten Freunde hatte den entscheidenden Treffer erzielt. All die Teams, die sich wie üblich zunächst die Vereinsspieler erwählt hatten, waren uns nicht gewachsen: Freunden, die sich beim Kicken blind verstanden. Der kleine Fisch hatte den großen geschluckt.

Für mich gehört es zu einem spirituellen Pfad dazu, einerseits nüchtern die Erkenntnisse von Experten zur Kenntnis zu nehmen und andererseits aus mir selbst den Glauben zu schöpfen, dass gegen Wahrscheinlichkeiten immer wieder etwas möglich ist. Mir scheint, in den meisten von uns ist das angelegt, und darum freuen wir uns mit den Underdogs, die völlig überraschend einen Favoriten besiegen.

In welchem Bereich empfinden Sie gerade den Wunsch, dass ein scheinbar Schwächerer einen Stärkeren besiegt, und was tragen Sie dazu bei, damit dies tatsächlich geschehen kann?

20

Achte auf deine eigenen Schritte [28]

Der Modeerscheinung „Achtsamkeitsmeditation" konnte ich in dieser Form nie etwas abgewinnen. Wenn ich in mich gehe, um meinen Gedankenfluss vor dem geistigen Auge vorüberziehen zu lassen und möglichst nicht zu werten und Gefühle auf diesen Zug draufzusetzen, dann ist dies an sich schon eine achtsame Praxis. Dass ich – wie in der Gemeinschaft eines bekannten vietnamesischen Lehrers üblich – deshalb aber betont langsam zu einem klingelnden Telefon oder durch die Welt laufen würde, käme mir nicht in den Sinn. Schon möglich, dass ich mir deshalb in meinem kleinen Zimmer öfter mal den Fuß angestoßen habe als die Oberachtsamen. Mit zunehmender Geschwindigkeit wird es eben schwieriger, Achtsamkeit aufrecht zu erhalten. Obwohl – einer wie Lewis Hamilton würde wohl sagen: Alles nur eine Frage der Übung.

Im alten Buddhismus war es an manchen Orten üblich für Mönche, sich Glöckchen an die Fußgelenke zu binden, damit kleine Tiere auf ihrem Weg Reißaus nehmen konnten und nicht von den Mönchen zertreten wurden. Tatsächlich werden viele Insekten solche Glöckchen gar nicht hören, sondern eher die Erschütterung des Bodens als Warnsignal auffassen. Wie man das achtsame Gehen auf die Spitze treiben kann, zeigt der Film *Walker* von

Tsai Ming-liang, wo ein Mönch (oder ist es nur ein Schauspieler) im Zeitlupentempo einen Schritt vor den anderen setzt – und dass in einer wuselig-hektischen Großstadt.

Kürzlich erhielt ich die Diagnose mehrfacher Meniskusrisse. Dazu kamen ein paar andere Probleme im Knie, so dass mir zu einer Operation geraten wurde. Zunächst wollte ich jedoch eine konservative Therapie versuchen, da sich meine Schmerzen in Grenzen hielten und ich nach wie vor gehen konnte. Ich bemerkte jedoch, dass ein abruptes Abstoppen sowie das Treppensteigen unangenehm wurden. Also richtete ich meine Aufmerksamkeit immer stärker aufs Gehen, auf jeden einzelnen Schritt. Ich ging langsamer, vorsichtiger, bewusster. Doch mit dem obigen Zen-Rat ist noch mehr gemeint. Achte auf deine *eigenen* Schritte, kümmere dich zunächst um das, wofür *du* verantwortlich bist. Achte darauf, wie du dein Leben ausrichtest. Wie gehst du bei diesem Anliegen schrittweise vor, wie bei jenem? Plane, ohne den Raum für Spontaneität aufzugeben. Gehe in eine Richtung, ohne eine andere auszuschließen. Vielleicht muss ja auch auf meinen Schritt – den Versuch der Selbstheilung – noch ein anderer – der Schnitt des Chirurgen – folgen.

Jeder Schritt verliert und findet Kontakt. Wissen Sie stets genau, wo Sie Ihre Schritte hinsetzen?

21

*Tausend Soldaten findet man leicht,
einen General nur schwer* [29]

Wie finde ich den richtigen Zen-General für mich? Einen weisen Meister, der mir auf die Sprünge hilft? Diese Frage wird zunehmend diskutiert, weil in einer kritischen und aufgeklärten Gesellschaft immer häufiger das Fehlverhalten von spirituellen Lehrern ans Tageslicht kommt. Die Schüler/innen wenden sich dann überwiegend ab, doch viele von ihnen hegen bei der Suche nach einem besseren Meister (oder einer Meisterin) die gleiche Wunschvorstellung wie zuvor: „Möge da ein vollkommenes, erwachtes Wesen sein." Der Irrtum wäre der Gleiche, wenn man sich von seinem Mathelehrer moralische Perfektion erhoffte. Im Buddhismus liegt er auch in der falschen Idee eines Dreiklangs von Weisheit, Versenkung und Moral begründet. Der weise Lehrer, der sich in der Meditation ergeht, muss auch moralisch einwandfrei sein, zumal man sich ihm auf einer viel tieferen und persönlicheren Ebene anvertraut als seinen Schullehrern. Was wir hingegen erwarten können, wissen wir, wenn wir uns an unsere Schul-, Ausbildungs- und Studienzeiten erinnern. Mein Lieblingsenglischlehrer war ebenso Alkoholiker wie der amüsanteste Uni-Dozent. Unsere Vorstellungen davon, wer den wichtigsten Einfluss auf uns oder das Weltgeschehen ausübt und wie so ein

Mensch zu sein habe, werden im Lauf des Lebens immer wieder enttäuscht. Das klassische Beispiel sind rauchende, medikamenten- oder alkoholsüchtige Staatslenker wie Roosevelt oder Churchill. Nun könnte man argumentieren: Sie haben eben trotz ihrer Schwächen noch einiges zu Wege gebracht, doch wenn sie nicht all diesen Süchten gefrönt hätten ... Hmm, wären sie dann womöglich Trump ähnlicher gewesen? Im Zen höre ich von den Schlaueren, die Schwächen ihrer Meister hätten ihnen deren Menschlichkeit gezeigt. Ich plädiere deshalb dafür, sich für allgemeine Erkenntnisse – wie die Menschlichkeit und Fehlbarkeit jedes Einzelnen von uns – den Umstand zu ersparen, einen buddhistischen Meister zu erwählen. Wenn man spezielle Ratschläge zum Inhalt oder der Meditationsform eines Weges benötigt, sollte ein Lehrer dazu imstande sein, weiterzuhelfen. Er oder sie und auch die spirituelle Gemeinschaft sind wie jeder andere auch in der Lage, die eigenen Grenzen – etwa der Duldsamkeit und des eigenen Altruismus – auszuloten. Doch man findet im gewöhnlichen Alltag viele Alternativen zu einer speziellen „Sangha"[†], die sich über besondere Praktiken und Rituale definiert. Wenn man glaubt, einen Meister zu brauchen, der einen zum Erwachen führt, dann sollten die Anforderungen jedoch so hoch sein,

---

[†] Buddhistische Gemeinschaft, im engeren Sinn Ordiniertengemeinschaft.

dass man sich gründlich fragen muss, wer ihnen gerecht werden kann. Über solche Meister wurde einiges behauptet. Omori Sogen, der nicht nur im Zen, sondern auch in der Kampfkunst als solcher galt, meinte, sie würden „einander erkennen". Eine klassische Eigenschaft wäre, dass sie genau wissen, wann ein Schüler oder eine Schülerin reif ist. Dann geschieht Folgendes: „Zugleich von innen und außen an die Eierschale picken" und zum Durchbruch verhelfen.[30]

Wie sehr manifestiert sich im Leben eines Lehrers oder einer Meisterin für Sie deren Loslassen? Bitte achten Sie genau auf die Details, auf deren Süchte, deren Besitz, ihr ritualisiertes Benehmen, die Worte, die Taten. Denken Sie immer noch, so jemanden zu brauchen? Gehen Sie bitte mit diesem Buch eines Fehlbaren genauso kritisch um.

22

Ein Tropfen Wasser von Huinengs Berg [31]

Huineng war der 6. Patriarch des chinesischen Zen. Das „Plattform-Sutra" wird ihm zugeschrieben, ist aber wohl gar nicht von ihm verfasst worden. Die Legende um diesen Meister sagt uns dennoch vieles über Zen, das in China *Chan* heißt. Zum einen kam Huineng als Analphabet ins Kloster, nachdem er beim Hören des Diamant-Sutras zum ersten Mal erwachte. Im Kloster ließ man ihn Reis stampfen, während die anderen meditierten. Eines Tages prüfte der Abt seine Schüler, und einer hinterließ als Beweis seiner Erkenntnis ein Gedicht an der Tempelmauer. Huineng ließ es sich vorlesen und diktierte dann seinerseits eine entscheidende Veränderung. Daraufhin soll ihn der Abt heimlich zum Nachfolger ernannt und gebeten haben, erst einmal ein paar Jahre in der Versenkung zu verschwinden, um keinen unnötigen Neid heraufzubeschwören.

Der Wahrheitsgehalt solcher Geschichten ist nicht so wichtig, sondern was sie uns demonstrieren wollen. 1) Man kann schon erwachen, wenn man bloß eine Weisheit hört. 2) Man kann ohne Murren seinen Dienst verrichten, auch wenn man möglicherweise mehr draufhat als die anderen. 3) Auch ohne große Bildung kann man weiser sein als die anderen, auch als diejenigen, die viel sitzend meditieren. 4) Diese Errungenschaft kann man lange für sich behalten.

Genau betrachtet hatten beide mit ihren Versen einen wichtigen Punkt erfasst, und so ist nach einer anderen Überlieferung auch der erste Mönch zu einem Meister und Linienhalter geworden. Was ich hieraus lese ist, dass es eine Möglichkeit gibt, noch tiefer zu erkennen, als es „mindestens" der Fall sein sollte. Jener erste Mönch namens Shenxiu dichtete, etwas vereinfacht: „Der Geist ist ein strahlender Spiegel. Wir sollten stets dafür sorgen, dass sich kein Staub darauf sammelt." Ja, richtig, wir sollten unseren Geist von „Befleckungen" (skt. *klesha*), wie sie seit dem alten Buddhismus heißen, freihalten. Aber das ist nicht alles, wie uns Huineng zeigte: „Wo könnte sich Staub ansammeln, wo unsere ursprüngliche (Buddha-)Natur doch rein und klar ist." Dieser eine Tropfen Huinengs, der wie so viele Meister nach dem Berg benannt wurde, wo er weilte, stillt unseren Durst.

Wenn Sie etwas erkannt haben, fragen Sie sich, ob es dahinter noch etwas zu erkennen gibt. Kann es etwas wie „der Weisheit letzter Schluss" geben?

23

Verflucht mich – ich bringe einen Extramund;
sprudelt und spritzt – ich bringe Extraspucke [32]

Sagte ich schon, dass ich ein Filmfreund bin? Ich komme sicher noch häufiger darauf zurück. In den vergangenen Jahren wurde besonders in asiatischen Filmen das Thema Bullying und Mobbing verarbeitet. Die Vorstellung, dass die eigenen Kinder in der Schule systematisch psychisch gebrochen werden könnten, wird viele Eltern erschrecken. Dabei ist dieses Phänomen der Schikane nicht neu. Auch ich habe gleich zu Schulbeginn eine sehr unangenehme Erfahrung gemacht, wobei ich mich nicht erinnere, was ich selbst dazu beigetragen haben könnte und wie sich das Problem schlussendlich löste. Ich wurde von vielen aus meiner Klasse umringt und gehänselt. Doch schon bald war ich Klassensprecher. In der Mittelstufe haben dann insbesondere die kräftigeren Sitzenbleiber, die etwas älter als wir anderen waren und im Verhalten auffälliger, einen meiner Mitschüler des Öfteren während der Pause in die große Mülltonne auf dem Schulhof gesteckt. Das muss erniedrigend gewesen sein. Ich war zwanzig Jahre nach dem Abitur mal bei einem Klassentreffen und erfreut, dass ich diesen Kerl relativ munter sah. Am liebsten hätte ich ihn auf damals angesprochen und mich entschuldigt, mich nicht für ihn eingesetzt zu haben. Dabei war ich wahrscheinlich froh gewesen, dass es nicht mich erwischt hatte. Ich möchte wetten, dass diese Ereignisse auch heute noch an ihm nagen könnten. Oder hat er vielleicht eine Methode gefunden, sich mit den Demütigungen der Vergangenheit zu versöhnen? Letztlich bin auch nicht verschont worden. Einer dieser Muskelprotze spuckte mir mal sein Pausenbrot ins Gesicht und sagte etwas Abfälliges über meine Augen. Da er es nicht bis zu unserem Abiturjahrgang schaffte, sah ich ihn zwar nicht bei jenem Abi-Treffen, aber etwa 30 Jahre nach unserer Schulzeit in der Straßenbahn. Und wie der Zufall es wollte, kaute ich gerade ganz entgegen meiner Gewohnheit auf einer Brezel vom Bäcker herum, und er stellte sich in meine Nähe am hinteren Ende der Bahn. Als ich ihn an seinem Gesicht erkannte (ist es nicht seltsam, dass wir in den uns so von Kindheit an Vertrauten noch immer Kindergesichter sehen?), da hatte ich spontan den Impuls, ihm meine Brezel entgegenzuspucken und zu sagen: „Hey, R., erinnerst du dich, damals im L.-Gymnasium. Das ist für deine …-Augen." R. war immer noch muskulös, aber ich hatte ja nun einige Jahre Kampfkunst hinter mir und fühlte mich ihm gewachsen.

Dann kamen mir zwei Gedanken. Der erste war hochmütig: Er hat keine Chance mehr gegen mich, und ich bin nun der, der dies ausnutzt. Der zweite lautete: Er wird gar nicht wissen, wovon ich rede. Lernen wir nicht im Laufe unseres Lebens, dass die von uns empfundene Schmach den anderen zuweilen gar nichts bedeutete? Da lächelte ich, ja, ich lächelte in seine Richtung mit meinem vollen Mund, und einen Moment lang schien er irritiert und lächelte dann ein wenig zurück. Beim nächsten Mal will ich ihn fragen: „Wie war dein Leben, wie geht es dir, mein Klassenkamerad?"

Wenn Sie mal wieder angepöbelt oder gar bespuckt werden: Bieten Sie zur Abwechslung diesen Extramund und diese Extraspucke an.

24

*Geheime Übung, verborgene Arbeit –
wie ein Narr, wie ein Idiot* [33]

Wenn Reiche Gutes in der Welt tun wollen, geht das oft mit viel Tamtam einher. Sie trommeln zum Beispiel andere Multimillionäre und Multimilliardäre zu einem Schwur zusammen, bei ihrem Tod mindestens die Hälfte des Reichtums für so genannte gute Zwecke zu spenden. Bald weiß die ganze Welt davon. Mancher macht sein Vermögen mit Spekulationen an der Börse, die anderswo für Leid sorgen, ein anderer mit Computerprogrammen, die er von Anfang an hätte günstiger verkaufen können. Schließlich finden sie einen Weg, sich bei all dem wohl zu fühlen. Sie sagen vielleicht sogar: „Ich möchte, dass meine Kinder sich nicht auf meinem Geld ausruhen, sondern selbst etwas zuwege bringen." Und vererben ihnen nur ein Prozent ihres Besitzes – was diese dann rechnerisch möglicherweise gar zu Milliardären macht. Könnte irgendeine/r meiner Leser/innen sich etwa nicht auf einer Milliarde oder gar nur einer Million für den Rest des Lebens ausruhen?

Erfahren wir erst im Nachhinein, etwa nach dem Tod von Gönnern, was sie heimlich für andere taten, sind wir hingegen besonders gerührt. In unserer westlichen Kultur gilt das als ein starker Charakterzug: Lass deine linke Hand nicht wissen, was die rechte tut, wenn du Almosen gibst. So heißt es im Matthäus-Evangelium. Für Prominente, die ständig im Rampenlicht stehen, ist das wohl nicht leicht. Andererseits gibt es ja den Rat: Tue Gutes und rede darüber. Der stammt wohl aus einer Werbeagentur.

Unsere geheime Übung im Zen besteht in der Selbstbefragung und -beobachtung: Was geht da speziell in meinem Kopf vor? Wo werde ich zum Opfer meiner eigenen Gedankengebäude? Sehe ich dieses klar oder habe ich Vorurteile? Muss ich jenes wirklich bewerten? Irgendwann spüren wir im Alltag genau, wo uns der übliche Gedankenablauf leiten will und wir loslassen sollten. Das ist ein endloser Prozess, bei dem wir hoffentlich immer „besser" werden. Die Übung ist nur insofern geheim, als die anderen sie nicht beobachten, nicht in unseren Kopf schauen können. Wir arbeiten im Verborgenen an uns selbst. Das soll auch den anderen nutzen, wenn sie uns begegnen. Selbst wenn sie es uns nicht sagen, ja es nicht einmal zu bemerken scheinen.

Je besser Sie durchschauen, wie sich ihre Gedankenwelt aufbaut, desto verborgener und subtiler wird ihre Wirkung auf die Welt um sie herum sein. Versuchen Sie gerne mal beides: Die sichtbare gute Tat und die „geheime". Wie fühlt sich der Unterschied an?

25

All seine Handlungen vollständig offenbar [34]

Dieser Satz wirkt wie das Gegenteil des zuvor Gesagten. Wir sollen also alle Handlungen offenbar werden lassen? Was heißt das?

Manchmal bewundere ich Menschen mit diplomatischem Geschick, manchmal geht mir ihr Lavieren auf den Senkel. Ich selbst bin lieber gerade heraus. Dabei verletze ich gelegentlich andere. Und kann nicht einmal behaupten, dass all meine Handlungen vollständig offengelegt seien. Mein Privatleben soll so privat bleiben, dass es mir nie einfiele, dauernd in Echtzeit in einer App bekanntzugeben, wo ich mich gerade aufhalte (wenn ich's mir recht überlege, wäre das ein schöner Scherz, eine solche App erst zu installieren, wenn ich tot bin, und mir das zugehörige Handy samt überirdischer Lademöglichkeit – vielleicht in einem Grabstein installiert – mit in die Gruft zu geben). Eine besondere Verschlüsselung meiner Emails mit persönlichem Code ist mir hingegen zu aufwändig. Wenn ich aber in einem Land lebe, das zensiert, politische Gegner verhaftet oder Schlimmeres, und das von einer Diktatur regiert wird, bin ich weitaus vorsichtiger. Auf die Dauer wollte ich so nicht existieren, weswegen ich auch schon Staaten deshalb verlassen habe, wo es mir ansonsten gefiel. Das Leben ist einfach, wenn man möglichst wenig zu verbergen hat und möglichst wenig verbergen muss. Dazu gehört der andere, der die Wahrheiten seines Gegenübers aushält, der unterschiedliche Meinungen toleriert, auch wenn sie von kleinsten Minderheiten kommen. Zu einem Staat zu gehören, der die Meinungsfreiheit verteidigt, ist ein großes Glück. Doch inwiefern ist es dort überhaupt eine Kunst, zu sagen, was man denkt?

Vor einigen Jahrzehnten war es beispielsweise für Homosexuelle auch in Deutschland noch schwierig, offen ihre Beziehungen zu leben. Noch heute gibt es Länder, wo man dafür den Tod riskiert. Wir müssen akzeptieren, dass für die meisten Menschen der Überlebenstrieb stärker als jeder tief empfundene Wunsch nach Offenheit und Offenbarung ist. Andere riskieren ihr Leben für einen Sinneswandel der Gesellschaft und sind nicht selten der entscheidende Anlass dafür, dass sich langfristig Akzeptanz breitmacht. Aber selbst das gilt nicht für alle Interessen, Neigungen oder gar sexuelle Vorlieben. Ich frage mich, ob irgendwann in ferner Zukunft die tabuisiertesten Verhaltensweisen auf eine Art von der breiten Masse angenommen werden können, die keine Angst und Abneigung mehr auslöst, sondern zuvorderst den Wunsch nach Verständnis. In einer Zen-Gemeinschaft ist es jedenfalls angebracht, sich sowohl in solcher Toleranz gegenüber anderen als auch in der Offenlegung der gemeinschaftlichen Finanzen, Beziehungen und Abhängigkeiten zu üben. Jeder darf vom anderen gestützt werden, auch wenn er schon als Lehrer oder gar Meister gilt. Und keiner sollte Geheimnisse pflegen, die die gemeinsame Übung der Gruppe in Gefahr bringen.

Was gehört für Sie zu dem, was Sie anderen nicht offenbaren wollen?

*Das Paradies ist noch nicht vollendet,
die Hölle war zuerst fertig* [35]

Zu den tragischsten Versuchen von Menschen, ein Paradies auf Erden zu schaffen, gehören für mich diejenigen von Sekten, deren Anhänger am Ende nur den Sektenführer reicher machten oder ihm gar in den Tod folgten, und marxistisch-leninistisch inspirierte wie die der Roten Khmer, die etwa ein Viertel ihres eigenen Volkes auslöschten, weil sie einer Wahnidee verfallen waren. Andere Höllen auf Erden hießen Auschwitz, Nagasaki, Hiroshima, Ruanda, Srebrenica. Wie aber kann ein Paradies aussehen? Müsste es voller „Glück" sein?

„Zen behauptet, Glück entstehe durch das Auflösen und Nicht-Fixieren des Selbst. Mit diesem Auflösen meinen wir den Akt wahrer Liebe, der in der vollständigen Hingabe des eigenen Seins an den anderen besteht." So sagte es einst ein von mir geschätzter Lehrer. Geben wir uns in Liebe ganz einem anderen hin (das muss keinesfalls sexuell sein), dann spüren wir, wie das Paradies entsteht. Es ist vielleicht nicht bunt und voller Düfte, sondern existiert am Krankenbett, wo wir unseren Gefährten pflegen. Oder wenn wir unser Baby füttern und seine Windel wechseln. Ist dieses Selbst, unser Ego, so weit hintenangestellt, dass wir zuerst die Interessen und Bedürfnisse des anderen sehen, dann verwirklichen wir das Paradies.

Wir werden zum Amida Buddha, wir schaffen ein „Reines Land". Es ist ewig in dem Sinne, dass wir es als reine Gegenwart erleben können, in der nichts anderes Platz hat, auch kein Gedanke an Vergänglichkeit.

Doch unser Ego-Selbst wird nicht völlig ausgelöscht und meldet sich mit seinen Ansprüchen zurück. Das ist in Ordnung, der Rhythmus des Kosmos. Dieses Wechselspiel, in dem wir einmal von Gedanken an Vergangenheit und Zukunft angetrieben werden, ein andermal ganz in die Gegenwart versunken sind und zur „Aktivität von Leere" (skt. *shunyata*) werden, weil wir, von (ab)wertenden Gedanken frei, für andere da sind und handeln, wird unser Leben immer kennzeichnen.

Werden Sie zu Aktivisten der Leere! „Wie der Himmel, der alles schützt, wie die Erde, die alles stützt."[36]

27

Im Weidenbaum werde grün, in der Blume rot [37]

Einige von Ihnen werden die zehn Bilder vom Ochsen und seinem Hirten kennen. Sie zeigen, wie ein Hirte versucht, einen Ochsen einzufangen und zu zähmen. Der Ochse steht sinnbildlich für sein Ego. Am Ende kehrt der Hirte „auf den Marktplatz" zurück. So heißt es auch: „Der verwirklichte Einsiedler versteckt sich in der Stadt, der unreife Einsiedler in den Bergen."[38]

Meine Deutung sieht so aus: Auch wenn der Zen-Weg keinen wirklichen Endpunkt kennt (mit Ausnahme wohl des eigenen Todes), so spielt er sich wesentlich dort ab, wo sich auch die anderen tummeln, die mit Zen vielleicht gar nichts am Hut haben. Das ganz gewöhnliche Leben ist der Prüfstein für Zen-Weisheiten. Dort mischen wir uns so unter die Menschen, dass sie uns gar nicht als einen besonders bunten Zen-Hund ausmachen. Wir sind da grün, wo man grün ist, da rot, wo es um uns herum rot ist. Das heißt nicht, überall mitzuspielen oder die eigenen Fähigkeiten zu verbergen. Es geht eher um ein Erspüren des Alltags der anderen, der von unserem sehr verschieden sein kann, zumindest was ihre Innenwelt angeht. Um dies zu verstehen, sollten wir ihnen genau zuhören. Dann stellen wir oft fest: „Jeder besitzt es ursprünglich, und jeder hat es bereits vervollkommnet."[39] Wir sprechen miteinander, und dabei gilt: „Kein guter Gedanke, kein schlechter Gedanke."[40] Hin und wieder gelingt uns vielleicht ein kleiner Hinweis, der den anderen dies auch klarmacht, wenn sie noch Zweifel haben: Auch du hast den Ochsenhirten in dir, der sein Ich bezähmt und ohne ein Anhaften unter anderen wirken kann. Auf dem Marktplatz der Eitelkeiten, zurück in der gewöhnlichen Welt, stellt der Ochsenhirte fest: „Es ist leicht, Nirwana zu erreichen, doch schwer, in Unterscheidung einzutreten."[41] Es ist leicht, nicht an dem zu hängen, was die anderen umtreibt, und es ist schwierig geworden, die Dinge so als gut und schlecht anzusehen, wie die anderen es tun. Manchmal wird man zum Spiegel für die anderen, in dem sie erkennen, was sie gerade selbst tun und was in ihrem Dasein unnötig Leiden schafft.

In vielen Kulturen ist es üblich, bei Besuchen ein Gastgeschenk mitzubringen. Doch können Sie auch dies: „Komm mit leeren Händen, geh mit leeren Händen."?[42]

28

*Süßigkeiten in seinem Mund,
herbe Kräuter in seinem Herzen* [43]

Wenn ich diesen Satz lese, denke ich an meine Kindheit. Meine Mutter arbeitete im Süßwareneinkauf einer großen Kaufhauskette. Regelmäßig brachte sie Leckereien mit, deren Namen ich jetzt nicht aufzählen möchte, damit sie nicht den gleichen Fehler machen wie ich und noch als Erwachsene nicht davon lassen können. Es heißt, dass in unserer Kindheit Geschmacksgewohnheiten geprägt werden, weshalb ich Eltern empfehle, ihren Kindern vor allem Gemüse und Obst aufzutischen, damit sie es später leicht haben, auf Schokoriegel usw. zu verzichten. Inzwischen habe ich vier Zähne ziehen lassen müssen und eine Brücke im Mund, die auf der einen Seite nur noch an einem Stift in einem winzigen Zahnstummel befestigt ist, den ich als fünften schon mal abschreiben möchte. Zu meiner Überraschung liege ich damit altersmäßig nach einer Statistik aber ganz im Schnitt. Wie kommt es dann, dass so viele gleichaltrige Menschen, die ich daraufhin anspreche, behaupten, sie hätten noch alle ihre Zähne im Mund? Gibt es etwa eine Zahn-Scham?

Ich putze die Zähne, weil ich weiß, dass es mir Schmerzen und Kosten ersparen kann, und weil ich angenehm aus dem Mund riechen will. Doch wie putze ich sie? Jeder Zahn ist mir wichtig, jeder

Zwischenraum (die Leere zwischen den Zähnen) wird beachtet. Leider hat mein jahrzehntelanger Reflux, also der Rückfluss von Magensäure in die Speiseröhre bis hoch in den Mund, den ich nur bedingt medikamentös kontrollieren kann, wohl auch einen schädlichen Effekt. Meine Zahnärztin hat mir empfohlen, zur Stärkung eine „MI Paste" mit viel Calcium zu benutzen. Diese soll mindestens drei Minuten im Mund verbleiben, aber ich lasse sie oft dreißig Minuten einwirken, und es kam schon vor, dass ich überraschenden Besuch mit einem schäumenden Mund begrüßte und dabei versuchte, in Zeichensprache meine Lage zu erklären ...

Je älter man wird, desto mehr Aufmerksamkeit verlangen einzelne Körperteile. Seit ich Knieprobleme habe, gönne ich meinen Knien spezielle, von Physiotherapeuten empfohlene Kräftigungs- und Faszienübungen. Genau auf den Körper zu hören sollte jedoch nicht in Hypochondrie ausarten. Wenn Sie darin Übung haben, können Sie womöglich Probleme besser beschreiben als ein Arzt mit seinen diagnostischen Apparaten. Ich habe mir z. B. den typischen Schmerz bei einem tief gelegenen Zahngeschehen so eingeprägt, dass ich bei einem ähnlich schwerwiegenden Fall darauf beharrte, es müsse sich um das gleiche Problem handeln wie bei dem ehemals gezogenen Zahn, obwohl die Röntgenaufnahmen nichts dergleichen erbracht hatten. Erst als auf mein Drängen hin eine

Krone entfernt wurde, konnte mein Verdacht vom Zahnarzt bestätigt werden („Oh meine Güte, ganz schwarz."). Viele Menschen machen solche Erfahrungen, und wir können den Fachleuten bei ihrer Arbeit helfen, wenn wir genau auf unseren Körper hören.

Wie verstehen Sie den obigen Spruch? Ist damit ein Süßholzraspler gemeint, der insgeheim andere Absichten hegt? Oder ein freundlicher Mensch, der um die Härten des Lebens tief in seinem Herzen weiß, anderen aber gerne Freude bereitet?

Ein frischer Atem ist eine Sache – doch von welchem Ort kommen die Worte aus Ihrem Mund?

29

Weltliche Leidenschaften:
Untrennbar vom Erwachen

Dieser Satz schlägt in die gleiche Kerbe wie der vorherige: Nicht in der Dämonisierung irgendeines Bösen, sondern im Wechselspiel von Stille und Chaos, Ärger und Gelassenheit, Leidenschaft und Leidenschaftslosigkeit finden wir Erwachen. Im ganz normalen Menschsein also. Indem wir aufmerksam all diese Zustände annehmen und mit ihnen umzugehen lernen, erwachen wir. Im alten Buddhismus glaubt man hingegen, dass nur das Versiegen jeglicher Gefühlsregungen bis hin zum Begehren für einen anderen Menschen den Erweis des erlangten Nirwana erbringt. Hören Sie Menschen, die einen solchen Weg gehen, einmal längere Zeit zu. Ich bin sicher, dass Sie aus eigener Überzeugung zum Schluss kommen: Niemand hat vollkommene Erkenntnis, keiner führt ein perfektes Leben. Viele bemühen sich, manche stärker, manche weniger.

Mir ist aufgefallen, dass spirituell Veranlagte häufig irgendwelche Ticks entwickeln, z. B. was ihre Ernährungsweise angeht. Ein indischstämmiger Weiser aß bevorzugt gesalzene Sahne. Er war dünn wie ein Handtuch und wurde neunzig, angeblich ohne einen Arzt aufzusuchen, aber glauben Sie wirklich, dass es daran lag? Ein anderer in Vietnam ernährte sich nur von Kokosnuss-

Produkten. An Übergewicht litt der auch nicht, aber wohl an Nährstoffmangel. Im Buddhismus sind Missionare des Veganismus und Vegetarismus häufig anzutreffen. Schaut man genau hin, fällt dahinter eine oft irrationale Abneigung auf. Es scheint, als würde sich die angestrengte Übung im meditativen Nicht-Werten, für die man sich gerne tagelang mit Gleichgesinnten trifft, ein Ventil suchen: Die Lust zu werten bricht sich dann Bahn in Verhaltensweisen, die schnell mit passenden buddhistischen Werten untermauert werden wollen. Da man nicht töten soll, sollte man auch keine Tiere töten, folglich auch keine essen. Und weil auch eine Pflanze Gefühle haben kann, ist es womöglich ideal, nur noch das zu vertilgen, was zu Boden fällt oder vom Baum gepflückt werden kann. Irgendwann ist dann freilich Schluss mit der Rücksichtnahme, wenn man Millionen Bakterien im eigenen kranken Körper mit den Antibiotika tötet, die der Arzt verschrieb ...

Ich glaube inzwischen, die Spleens von auf die übliche Art praktizierenden Buddhisten sind ein Beleg dafür, dass ihre Übung und ihre Sicht nicht die rechte sein kann. Vergessen Sie von vornherein den Gedanken, Sie könnten vollkommen werden. Arrangieren Sie sich besser mit dem Wechselspiel ihrer Gefühle, das letztlich Ausdruck ihres gesamten menschlichen Potentials sein will. Nur so können Sie zuweilen feststellen, wie Ärger konstruktiv nutzbar gemacht werden kann oder ihre Leidenschaft zu erfüllenden Begegnungen mit anderen Menschen führt. Jede Idee, die ihr menschliches Potential von vornherein durch Wertungen einengt, ist mit Skepsis zu betrachten. Nur so bleiben Sie offen für die Vielfalt menschlicher Erkenntnisse, etwa welchen Nutzen Fleisch in Ihrer Ernährung haben kann, dass Kühe ihr Wasser vor allem über Gras aufnehmen und es schwierig sein könnte, unseren Energiebedarf vor allem mit Wind zu decken. Gerade die letztgenannte Idee ist märchenhaft schön und verlockend, doch ein Zen-Leben soll sowohl das Träumen ermöglichen als auch die offene Weite der Erkenntnis möglich machen.

Bitte denken Sie daran, auch beim Lesen dieses Büchleins: Niemand kann über seinen Schatten springen. Erkenntnis und Fehlurteil gehen Hand in Hand. Es gibt nicht einen vollkommenen Menschen, und es hat ihn niemals gegeben. Im Irrtum liegt die Möglichkeit zum Erwachen – und umgekehrt. „Im Nichts ist alles enthalten, endlos."[44]

歩歩是道場

30

Jeder Schritt das Kloster [45]

Ich möchte den Spruch etwas ändern: Die ganze Welt das Kloster. Wenn wir so Zen leben, ist tatsächlich alles Praxis. Das ganze Leben wird zu einer Übung im Loslassen, Minimieren, Nicht-Werten. Es ist nicht nötig, dafür ein ausgewiesenes Kloster aufzusuchen, auch keine Retreats, Sesshin, Meditationswochenenden. In der Welt als Kloster wird jede Situation zu einer Möglichkeit, das nichtanhaftende Denken zur Gewohnheit werden zu lassen. Die heute verbreitete Art, Zen zu praktizieren, sollte auf den Kopf gestellt werden. Statt sich stunden-, tage-, wochenlang auf Zazen zu versteifen, das häufig zu einem Ritual und Haltungstraining verkommt, in dem die Übenden ihren Fantasien frönen, sollten wir die Geistesschulung in den Mittelpunkt stellen, die sich am besten in konkreten Situationen einüben lässt. *In medias res*. Von der Vorstellung wegkommen, es müsste erst – in besonderen Settings, die sich vom Alltag unterscheiden – etwas eingeübt werden, das dann im Alltag zu funktionieren habe.

Betrachten Sie einmal das gewöhnliche Verhalten von Buddhisten, die seit vielen Jahren auf die genannte Art ihre Zeit verbringen, und Sie werden feststellen, dass sich in den meisten Fällen kein wesentlicher Unterschied zum Verhalten von Nicht-Buddhisten feststellen lässt. Wer jedoch morgens ganz unabhängig von seinen religiösen Vorstellungen schon darauf achtet, dass er offen den kommenden Tag entgegennimmt, keine Abneigung gegen das Frühstückmachen für seinen Nachwuchs oder den zu erwartenden morgendlichen Verkehrsstau auf dem Weg zur Arbeit aufkommen lässt, wer in seinem Job den in sich aufkeimenden Ärger bewusst registriert, innehält und loslässt, der praktiziert Zen. Sich auf einem Kissen sitzend vorzustellen, wie gelassen man ist, kommt dem nicht nah, einem wütenden Kunden mit seinen Beschwerden gegenüber zu stehen. Entscheidend ist, daran zu glauben, dass die Kraft, in jeder Situation zur eigenen Natur zurückzufinden und aus dieser Leere alles spiegeln statt werten zu können, in uns bereits vorhanden ist.

Die rechte Einstellung zum Alltag ist die eines Übungsfeldes. Betrachten Sie Ihr Leben nicht mit einem Seufzen und suchen Sie nicht nach Ausflüchten in schönen Übungszentren, die es wie Sand am Meer gibt. Dann kommen Situationen, in denen Sie ausgebrannt sind und nach einer Auszeit suchen, viel seltener vor. Die ganze buddhistische Veranstaltungsindustrie beruht darauf, zwischen ihrem Alltag und besinnlichen Wochenenden einen Widerspruch zu konstruieren, den es von vornherein aufzulösen gilt. Der selbst ernannte Guru, der Tag für Tag durch seine widerstandsarme Gemeinschaft im abgelegenen Grünen geistert, weiß oft gar nichts von Ihren gewöhnlichen Problemen.

Weil er es nicht versucht hat, kann er ihnen auch nicht erklären, dass die teure schweigende Sitzerei bei ihm sie nicht weiterbringt als die Absicht, bei allem, was Ihnen begegnet, den Geist der Nicht-Unterscheidung und des Annehmens zu praktizieren. Vergessen Sie von Anbeginn an den Gedanken, dass Sie sich dazu aus ihrem gewöhnlichen Leben zurückziehen müssen. Die ganze Welt das Kloster. Wenn irgendwo aber Kloster dransteht, lachen Sie und gehen Sie weiter.

Wenn die Welt zum Kloster wird, sind Sie Mönch oder Nonne. Allein Ihre Einstellung zum Dasein und Ihr Handeln entscheiden, ob Sie ein/e „Nachfolger/in der Buddhas und Patriarchen" sind.

31

*Triffst du einen Samurai, zeige ihm ein Schwert;
einem Nicht-Poeten zeige jedoch kein Gedicht* [46]

Eine oft zitierte Stelle aus dem Pali-Kanon besagt, dass die Menschen gemäß ihrer Fähigkeiten unterrichtet werden sollten. Wir machen das genauso: Wenn Sie als Erwachsener an eine Volkshochschule gehen, um ihre Schulenglischkenntnisse aufzufrischen, wird über einen Test bestimmt, wo Sie stehen und in welchen Kurs man Sie stecken sollte. Doch im Buddhismus führt eine solche Idee zu allerhand Problemen. Sie werden sich wundern, was in der Überlieferung gar nicht an Sie gerichtet ist, wenn Sie einen Text nach den ursprünglichen Adressaten einteilen, denn der Buddha sprach oft zu Ordinierten. Weiter stellt sich die Frage, ob etwas Wichtiges nicht so gesagt werden (können) sollte, dass es für jedermann verständlich wird. Dies wiederum ist unmöglich, weil wir alle auch zu Missverständnissen in der Lage sind. Doch die Vorstellung, einem weniger intelligenten Gesprächspartner etwa von einer Wiedergeburt in Höllen zu erzählen, um dann fünf Minuten später einem Professor klarzumachen, dass solche Ideen natürlich nur Wahngebilde sind, da in der Leere nichts Substantielles existieren oder endlos leiden kann – ist das nicht unredliche Heuchelei? Meine Ansicht lautet: Wenn etwas nicht dem einfach gestrickten und wenig gebildeten Menschen vermittelt werden kann, handelt es sich nicht um eine wesentliche Zen-Weisheit. Um Buddhismus mag es sich wohl handeln.

Vertreter des alten Buddhismus arbeiten als Lehrer im Fernsehen über ihre eigenen Kanäle erfolgreich am Mitgliederwerben und Spendeneintreiben, indem sie den Zuschauern einfache Gleichungen wie diese aufmachen: Wenn du Schlechtes tust, wirst du als Tier wiederkommen. Solchen Scharlatanen sollte man tatsächlich das Schwert zeigen, und dem Nicht-Literaten darf man wohl ein Gedicht aufsagen, damit er vielleicht von der Freude an der Poesie angefixt wird.

Dein Beispiel eines Zen-Lebens soll jedem verständlich sein, der verstehen möchte – selbst einem Insekt und einer Pflanze. Es gibt keine Zen-Lehre für Auserwählte und ein Schmalspurprogramm für Einfältige. „Wo kein Buddha ist, da wirkt er."[47]

32

Die beiden Spiegel reflektieren einander [48]

Was für ein wunderbares Gefühl, wenn wir einander reflektieren! Wir begegnen einem Menschen, unterhalten uns, lachen gemeinsam und haben schon bald den Eindruck, auf der gleichen Wellenlänge zu tanzen. Vielleicht ist dies der Beginn einer langen Freundschaft. Im Zen der ideale Ausgangspunkt für eine Meister-Schüler-Beziehung, sollte man meinen. Doch wenn man schon so weit ist, dann spiegeln sich da zwei Schüler oder zwei Meister, zwei Gleichgestellte, die einander erkennen. Mit der Zeit jedoch bekommen einige Beziehungen, die einen schönen Anfang hatten, Risse. Ich hatte zwanzig Jahre lang einen Busenfreund (ich schlage hier für künftige Generationen den Begriff „Bierbauchfreund" vor). Wir verbrachten so viel Zeit miteinander, dass ich sogar seinen jahrelangen Zigarettenrauch bei nächtlichen, sarkastischen und mal mehr, mal weniger tiefsinnigen Gesprächen in seinem Auto hinnahm, bis der Arzt mir eine chronische Lungenerkrankung attestierte. Bald darauf gab mein Kumpel das Rauchen auf. Wie oft waren wir, wenn wir uns als Studenten die Nächte um die Ohren geschlagen hatten, Zivilpolizisten aufgefallen, die das Auto umringten, an die Scheibe klopften und sich dann damit zufrieden gaben, dass ich ein paar Meter weiter wohnte. Schade, dass ich unsere witzigen Dialoge nicht aufgezeichnet habe, ich hätte selbst gern nochmal in einem solchen Werk gestöbert. Schließlich kam es zu Ereignissen, die die Kritik des anderen heraufbeschwörten. Es hatte mit Frauen zu tun, und – unabhängig von den Frauen – mit der Frage eines vertretbaren Ausmaßes von Gegengewalt, wenn man ungerecht behandelt worden war. *„Lauf herum mit dem Pisspott: Keiner weiß, wer zuerst gepisst hat und wer als zweiter."*[49]

Eigentlich waren die Anlässe nichtig, und unsere Freundschaft hatte sich womöglich durch ihre Intensität ähnlich intimer Partnerschaften ein wenig abgenutzt. Dabei bestand gerade in ganz unterschiedlichen Auffassungen die Chance, sich selbst zu hinterfragen. Im Zen ist darum eine Aufgabe, in der Spiegelung auch das anzunehmen, was uns ein Gegenüber, ein Mitübender, ein Lehrer, ein Mitmensch, ein Freund, selbst ein „Feind" vor Augen führt. Auch wenn keine Vollkommenheit möglich ist, ist das Bemühen um die konkrete Verwirklichung des Zen-Weges unendlich und bedarf zuweilen auch kleiner Hinweise, wo man sich irren könnte, auf etwas versteift hat oder noch stärker an sich arbeiten könnte. Ich akzeptiere die Lehren des Alltags.

Nach einigen Jahren Funkstille hörte ich von seinem Jugendfreund, dass mein Bierbauchfreund keinen Kontakt mehr mit seinen alten Kumpanen wolle. Ich machte noch den Versuch, uns alle in Bangkok zu einer mehrwöchigen Tour durch interessante Cocktailbars zusammenzubringen, denn die Liebe zu diesen Drinks teilten wir ebenso wie die zu schönen Bars (auch wenn ich seit vielen Jahren keine mehr besucht hatte). Lawrence Osborne erwähnt einige dieser Bars in seinem Buch *Bangkok Days* – und rät, in tropischem Klima tagsüber zu schlafen und nur nachts aus dem Haus zu gehen. Bars, die sich durch kreatives Interieur oder interessante Mixe auszeichnen. Ich befürchtete, ein paar Jahre später würde mein Magen keine zwei, drei Cocktails am Abend mehr vertragen. Zu der Tour kam es leider bis heute nicht. Auch diese Freundschaft wurde zu einer Übung im Loslassen. Und doch, wie gern erlebte ich dies: „Das Gefühl beim ersten Regen nach langer Dürre, oder wenn man einem Freund in einem fremden Land begegnet."[50]

„Tausende Meilen, hin und zurück, ganz allein und unbedeutend."[51]

33

*Nie das Zuhause verlassen
und doch auf dem Weg sein* [52]

Für den alten Buddhismus war es unabdingbar, „in die Hauslosigkeit zu ziehen", um Mönch oder Nonne zu werden. Die angestammten familiären Beziehungen sollten verlassen werden, jede Bindung ans frühere Leben aufgegeben. Dem entgegen steht die Möglichkeit mancher Zen-Schulen, zu heiraten und eine Familie zu gründen, selbst wenn man Priester/in ist. Dort stellt man sich eher die Frage, inwiefern die eigene Familie davon überzeugt werden kann, dass man den Zen-Weg geht. Wenn nämlich nicht einmal auf die engsten Vertrauten davon etwas abfärbt, dann ist wohl was faul.

Jeder ist auf dem Zen-Weg, sobald er sich aufs Klo begibt. Denn schon dort gilt: „Den Gestank der eigenen Scheiße erkennt man nur schwer."[53] Gibt es in den eigenen vier Wänden kein Feedback, weil man alleine lebt, soll man umso selbstkritischer – um im Bild zu bleiben – seinen eigenen Fürzen nachriechen, um die Fäulnis rechtzeitig zu erkennen. Sie kann in unachtsamem Essen, in nachlässiger Sauberkeit, in rücksichtslosem Lärm, in mangelnder Bewegung liegen und uns selbst wie anderen Leiden bringen. Der Weg beginnt nicht mit der Hauslosigkeit, sondern in der eigenen Bude. Schauen Sie sich noch einmal genau bei sich um, und schon wissen Sie, was ich meine. Bei mir ist das genauso.

„Bewegungslos sitzend, geschieht nichts. Der Frühling kommt, das Gras sprießt."[54] Was fehlt hier noch?

34

*Vimalakirti will seinen Mund nicht öffnen.
Auf dem Zweig rezitiert eine Zikade ...* [55]

Während der Corona-Pandemie lebte ich in einem kleinen Apartment in Südostasien. Auf dem Dach befand sich ein Pool, in dem ich gern meine Bahnen zog, um mich fit zu halten. Viele Hotels und Wohnanlagen hatten ihre Schwimmbecken zeitweise geschlossen, deshalb war ich froh, dass wir von solchen Einschränkungen verschont blieben. Es waren sowieso nicht viele Menschen im Gebäude, und morgens schwamm ich meistens allein. Im Laufe der Zeit stellten sich jedoch regelmäßige Besucher aus der Tierwelt ein. Eine Taube kam vorbei und dippte kurz ihren Schnabel ins chlorierte Wasser. Manche nennen Tauben ja die Ratten der Lüfte und wollen darauf anspielen, dass es schmutzige Wesen seien. Ich dachte so bei mir, die Taube würde sich durch das Chlorwasser womöglich innerlich reinigen. Bis ich dann eine starke Chlorlösung bei meiner Zahnärztin zum Gurgeln bekam, die etwaige Viren im Mund vor der Behandlung abtöten sollte. Aha, dachte ich nun, diese Taube benutzt das Poolwasser vielleicht zum Gurgeln, hatte sie etwa die Nachrichten geschaut?

Auch eine Schwalbe – oder waren es verschiedene? – dippte im Flug kurz ihren Schnabel ins Wasser. Das hatte es früher nicht gegeben. Ich fing an, sie mit einem amateurhaften Zwitschern zu begrüßen. Eines Tages schwebte sie ganz langsam neben mir her, als ich eine Bahn zog. Wie war es möglich, dass sie ihr Tempo so verlangsamte? Sie schien doch tatsächlich ihr Köpfchen zu mir zu drehen. Machte sie sich etwa lustig über mich? Oder dachte sie: „Betrachte alle Wesen mit gütigen Augen"[56] – auch die, die stundenlang im Wasser plantschen?

Heute waren da noch die Spatzen. Einer suhlte sich im Sand am Straßenrand, ich wäre fast auf ihn draufgetreten, so angstfrei ließ er mich herannahen. Kurz darauf das Gleiche, wieder ein Spatz im Sandbad. War es derselbe Spatz, hundert Meter weiter? Dann flog einer ganz dicht an mir vorbei. Ich hielt inne. Weit und breit hatten alle Geschäfte zu, die Restaurants, die Kleiderläden, die Gewürzhändler, und auch die fahrenden Suppenküchen waren nicht zu sehen. Was fiel da noch an Müll und Abfällen für die niedlichen Spatzen an? Ich hatte den Eindruck, sie wollten sich ein bisschen bei mir einschmeicheln, damit ich etwas für sie springen ließe. Tatsächlich hatte ich ein Omelette mit Reis im Rucksack. Es war also Zeit zum Teilen.

Auch wenn diese Geschichten nicht erfunden sind, erzähle ich natürlich Quatsch. Höchstwahrscheinlich denken Vögel nichts dergleichen, sondern ich projiziere dies in sie hinein. Es wäre besser, ich hätte in diesem Kapitel wie Vimalakirti geschwiegen, damit ich nicht auch noch in Ihnen solche Illusionen und Träumereien fördere. Und doch: „Die alte Kiefer spricht von Zen, der stille Vogel flüstert vom Erwachen (jap. *satori*)."[57] Auf dem Zweig rezitiert eine Zikade, und ich proste der Taube am Pool mit meiner Wasserflasche zu. Wir sind uns nähergekommen in dieser so genannten Pandemie, aber noch immer bin nur ich es, der beim Gurgeln mit Chlor das Gesicht verzieht.

Haben Sie während der Corona-Krise auch bemerkt, dass Menschen von ihnen fort, andere Lebewesen jedoch näher an Sie heranrückten?

35

Geist erzeugen, ohne anzuhaften [58]

An einigen Dingen und Menschen werden wir „anhaften". An unseren Hobbys, Partner/innen, Freund/innen, Haustieren, Lieblingsspeisen usw. Wenn man uns fragt, werden wir wahrscheinlich sagen, dass diese unser Glück ausmachen. Fragt man einen Mönch, wird er womöglich behaupten, dass ihm all dies nichts bedeute, und dies sei Geistesfrieden. Kann nur eine Seite richtigliegen?

Es ist nicht leicht, sich immer wieder zu sagen, dass nichts selbstverständlich ist und wir auf nichts einen wirklichen Anspruch haben. Dass wir morgens munter aufstehen, unsere Verdauung funktioniert, genug Essen bereitsteht, die Kinder gesund und der Partner oder die Partnerin nicht weggelaufen sind, die Luft zum Atmen noch sauber genug ist. Denn zur gleichen Zeit steht manch einer nicht mehr auf, muss wegen Darmverschluss ins Krankenhaus, hat ein krankes Kind zuhause, der Partner hat sich getrennt, oder der Dreck in der Luft reizt zu minutenlangem Husten. Wenn wir uns entscheiden, anzuhaften, oder wenn es uns widerfahren ist und wir es erst mit Verzögerung bemerken, können wir uns doch bewusst machen, wie vergänglich all dies ist und dass sich an der Natur der Dinge nichts ändern lässt, wie sehr wir sie auch begehren und in unserer Nähe wünschen. Der Geist des Nicht-Anhaftens wird in seinen kaum vermeidbaren Momenten der Schwäche, in denen er anhaftet, vor allem ein Geist der Dankbarkeit. Indem er sich nicht in der Weltflucht übt, sondern im Loslassen *während* des Anhaftens, wird er erst richtig tief und bedeutsam. Wer sich all dem entzieht, vielleicht gar aus Furcht, dem Anhaften nicht gewachsen zu sein, wird gar nicht erfahren, was Nicht-Anhaften alles bedeuten kann. Denn nur wer anhaftet, kann sich auch im Loslassen üben. Es ist ein Wechselspiel, und wenn ich etwas Geliebtes verliere, beginnt die wahre Übung: Egal, was ich tue, nichts ist mir wirklich garantiert, und alles, was kommt, ist wie ein Geschenk. Weil es unbeständig ist, wird es auch einmal (ver)gehen. „Mein Geist ist ein leerer Himmel."[59]

Wie blicken Sie auf die Geschenke ihres Lebens zurück, wenn sie vergangen sind? In Dankbarkeit, mit Wehmut, oder gar mit Groll?

36

*Dein ganzes Leben lang ziehe Nägel und Keile
für andere heraus* [60]

Der Abt des Eiheiji, einer der beiden Haupttempel der Soto-Schule des japanischen Zen, wurde weit über 100 Jahre alt. Noch im hohen Alter hatte er die Angewohnheit, die Sandalen der Mönche, die nicht ordentlich aufgereiht waren, in Reih und Glied zu bringen. Selbst wenn ein Weihrauchstäbchen krumm in seinem Gefäß steckte, richtete er es gerade aus. Nur so würde sich die Buddha-Natur der Schuhe und des Weihrauchstäbchens verwirklichen. Ob die anderen von dieser Aufmerksamkeit für Details so angetan waren, dass sie es ihm nachmachen wollten, auch ohne dass er sie direkt belehrt oder getadelt hätte?

In unserem Leben finden sich viele solcher Gelegenheiten, wenn wir aufmerksam sind. Auf dem Weg zu meinem Supermarkt sehe ich immer wieder Einkaufswagen in der Gegend herumstehen, die andere wohl aus Faulheit nicht zurückbrachten. Ich schiebe sie dann einfach vor mir her, da ich ja sowieso auf dem Weg zum Supermarkt bin, und stelle sie da ab, wo sie hingehören.

Einmal durfte ich in einem Zimmer gegenüber von meinem einen halben Tag lang probewohnen, ich wollte feststellen, ob es dort vielleicht leiser oder wärmer als in meinem Apartment auf der anderen Seite wäre. Weil ich nicht viel zu tun hatte – ich saß auf dem Boden und schaute mir etwas auf meinem *Kindle* an –, aber bemerkte, dass eine Zimmertür leicht verdreckt war, begann ich, diese zu putzen. Mir war, als ob die Tür einen sauberen Zustand verdient hatte. In meinem Apartment ging es mir genauso. Ich saß auf dem Klo und entdeckte nach Monaten, dass die Maler in einer Ecke des Bades nachlässig gewesen waren und Farbe auf den Fliesen hinterlassen hatten. Die Wohnung war nur gemietet, und ich wusste nicht, wie lange ich noch dort bleiben würde, aber schon fing ich an, die Farbreste abzukratzen und nun Fließe für Fließe unter die Lupe zu nehmen. Ich glaube, vieler meiner Leser/innen kennen dieses Gefühl. Wir ziehen da „Nägel für andere" heraus, doch es ist für uns selbst, es macht etwas mit uns, das gut tut.

Eine Zeit lang benutzte ich eine App, in der ich mich mit Frauen unterhalten konnte. Diese Frauen verdienten sich so etwas hinzu oder lebten vollständig von den Einnahmen durch die App, wenn sie beliebt waren. Ein Teil versuchte es mit erotischer Kleidung, lasziven Tänzen usw., wobei jedoch eher konservative Regeln zu beachten waren (die App stammt aus Singapur) und Administratoren auf deren Einhaltung achteten. Ein anderer Teil unterhielt sich angeregt mit den meist manuell tippenden Zuschauern, die gelegentlich auch live mit Ton oder sogar Bild zugeschaltet wurden. Diese Frauen setzten eher auf ihren Charme. Wie man sich vorstellen kann, waren einige Männer recht schnell dabei, sich als großzügige Spender hervorzutun und sendeten während des Chattens symbolische Geschenke um Geschenke, die die Streamerinnen in Geld umtauschen konnten. Auch ich brachte mein Gefallen zum Ausdruck, jedoch nur mit kleinen Cent-Beiträgen, zumal ca. 80 Prozent davon beim Anbieter der App landeten und nur der Rest bei der jeweiligen Frau. Dies war von mir eher als kleine Gegenleistung für App und Gesprächspartnerin gedacht. Manche beliebte Streamerin bedankte sich nicht einmal mehr für solch eine kleine Aufmerksamkeit, andere verbeugten sich für jedes noch so kleine Geschenk. Das berührte mich, war mir aber auch ein bisschen peinlich. Daraufhin beschloss ich, nur noch etwas zu spendieren, wenn die Damen gerade eine Toilettenpause machten und es gar nicht mitbekamen. Wir verbringen zu viel Zeit mit solchen Dingen, ich weiß, und doch können auch sie zur Übung werden.

Wo können Sie, womöglich unbemerkt, außerhalb ihrer eigenen Wände „einen Keil für andere herausziehen"?

37

*Ein krätziger Hund sehnt sich nicht
nach Wiedergeburt: Vielmehr lacht er
über weiße Kraniche am Himmel* [61]

In einer buddhistischen *Facebook*-Gruppe wurde die Frage gestellt, warum man dem Kreislauf der Wiedergeburten entkommen solle, schließlich sei das Leben doch schön, und wenn es immer weiterginge, wäre das doch ein Trost. Eine zu erwartende Antwort zitierte den Buddha: Altern, Krankheit, Tod, alles Leiden, was soll daran so toll sein?

„Für einen betrübten Menschen ist die Nacht lange."[62] Wer das Leben so empfindet – und die Wahrscheinlichkeit mag mit dem Alter und den Gebrechen steigen –, der wird zustimmen. Einige Wissenschaftler zeigen jedoch auf, dass es den Menschen insgesamt und durchschnittlich immer besser geht. Ich würde aus eigener Anschauung behaupten – und ich habe mich schon in Slums begeben und eine Zeit mit wirklich armen Menschen verbracht –, dass wahrscheinlich die Mehrheit der Menschen gerne lebt, auch wenn viele davon sich eine bessere Existenz wünschen. Die weißen Kraniche, die ein Symbol für Langlebigkeit sind, würden von diesen Menschen nicht verlacht, sondern bewundert. Doch die Armen selbst wissen sicher längst, dass die Chancen der Wohlhabenderen, es diesen Kranichen gleich zu tun, höher sind. Der Hund spürt nur seine peinigende Krätze und sehnt sich deren Ende herbei. Wir Menschen können mit unserer Fantasie und Erfindungskraft nicht nur die Krätze besiegen, sondern auch das Gefälle zwischen Arm und Reich verringern. Dazu gehört, damit aufzuhören, „durch den Schuh die juckende Stelle zu kratzen".[63]

Einer meiner Freunde sagte mal, ich hätte behauptet, keine fünfzig Jahre alt zu werden. „So", meinte ich, „waren es nicht vielleicht sechzig?" Denn ich war schon fünfundfünfzig und wollte nicht so leicht des Irrtums überführt werden. „Wie auch immer, neulich las ich, wie ein über Hundertjähriger, der nach einem Schlaganfall schon totgesagt war, über viele, viele Monate hinweg wieder das selbstständige Essen und Schlucken lernte. Nun will ich selbst mindestens hundert werden."

Halten Sie sich bitte für wichtig genug, um nach Langlebigkeit zu streben. Holen Sie sich gute Tipps aus der Altersforschung.

38

*Schönheit entzieht sich dem Suchenden
und taucht unaufgefordert auf* [64]

Ein paar Jahre lang führte ich Hunde in einem Tierheim aus. Wir gingen durch ausgedehnte Wälder in der Nähe von Frankfurt am Main. Das half mir einerseits beim Abnehmen, andererseits, meine qualvolle Gefühlslage wegen einer übergroßen Liebesgeschichte zu besänftigen, in der ich mich befand. An einem dieser Ausflugstage tat sich plötzlich – wir hatten einen neuen, unbekannten Weg eingeschlagen – der Wald auf: Unter strahlend blauem Himmel wurde ein kleiner Baggersee in der Tiefe sichtbar. Ich erkannte Geräte, die offenbar dazu dienten, Sand abzubauen. In einiger Ferne waren Badegäste. Ich fühlte mich wie in einem Film oder in einem anderen Land. Der Anblick war so überraschend und schön. Am liebsten wäre ich zu den anderen abgestiegen und hätte mit dem Hund im Wasser getobt. Doch die Zeit drängte, wir mussten umkehren.

Drei Jahre lang dauerte die oben genannte Liebesgeschichte an, ehe ich „losließ". Nachdem ich es der Frau gesagt hatte (so ginge es nicht weiter, da wir nicht zusammenkämen), begann die Trauerphase, in der ich mich möglichst intensiv mit anderen Dingen beschäftigen wollte. Am nächsten Tag ging ich mit Paketen, die zu versenden waren, in eine Postfiliale abseits meiner gewohnten. Mein Hintergedanke in diesen Tagen war, der Geliebten möglichst nicht mehr über den Weg zu laufen, damit es nicht noch mehr schmerzte. Da kam aus einem Schnellrestaurant plötzlich eine Frau im Trenchcoat, und obwohl dieser nicht zu ihr zu passen schien, schoss es mir sofort in den Kopf: „Das ist die schönste Frau der Welt!" Als sich unsere Blicke begegneten und ich ebendies gerade noch gedacht und ihr wundervolles Haar registriert hatte, da erst erkannte ich, dass sie es war, und sie blieb wie angewurzelt stehen. Ich ging meines Weges, mein Gesicht versteinerte, und wahrscheinlich grummelte ich damals in mich hinein: „Dauernd entzog sie sich, aber nun taucht sie unaufgefordert auf." Dabei war es mir im Falle des Baggersees ganz recht gewesen.

Machen Sie es besser als ich und lächeln Sie beim Anblick einer unerwarteten Schönheit – in jeder Situation und unabhängig von Ihrem vergangenen Schicksal. Aus reiner Dankbarkeit und Freude.

„Schau und nimm es, sonst ist es tausend Jahre lang fort!"[65]

Endnoten

[1] *Sude ni shôken shi owareri*
[2] *Kan ni wa sunawachi kan to ii;*
Netsu ni wa sunawachi netsu to iu
[3] *Jita funi, ayamatte jinga o shôzu*
[4] *Hebi o egaite shiite ashi o sou*
[5] *Kadô tame ni tou, jinjin no i: waratte shasô o yubisaseba, tsuki masa aki nari*
[6] *Santô tsuki wa kaku, Ummon no mochi*
[7] *Homuredomo yorokobazu; nonoshiredomo ikarazu*
[8] *Ichigo ichie*
[9] *Ikke hiraite tenka no haru*
[10] *Ichinichi nasazareba, ichinichi kurawazu*
[11] *Ichi mui-no-shinnin*
[12] *Isshô tampan*
[13] *Kaiki mattakarazareba, jôsui takuwaerarezu*
[14] *Eshû no ushi ka o kissureba, Ekishû no uma hara fukuru*
[15] *Shinjin o katsujin shi; Katsunin o shijin su*
[16] *Kamboku-ri no dôgen su*
[17] *Ue kitareba han o kisshi, konji kitareba nemuru*
[18] *Kennin-jô ni uma no washirashi; Kaen-ri ni mi o kakusu*
[19] *Sô o osorete jison o tsukusu*
[20] *Koboku futatabi hana ô shozu*
[21] *Kotô ni notte kobi o osamu*
[22] *Kôfu no ushi o kari; Kinin no jiki o ubau*

²³ *Sara ni isshi no mukuteki o totte,*
tôkan ni fuki idasu, mannen no kan
²⁴ *Shaka no bikû o tosshutsu shi;*
Daruma no ganzei o kakkai su
²⁵ *Shidô bunan, yuiken kenjaku*
²⁶ *Niji no môsu o nenkyaku shi,*
kosshû no fusan o dakkyaku su
²⁷ *Shôgyo daigyo o nomu*
²⁸ *Shôko kyakka*
²⁹ *Sempei e yasuku; Isshô motome gatashi*
³⁰ *Sottaku dôji*
³¹ *Sôgen no ittekisui*
³² *Ai ba suru koto wa nanji ni yu-rusu, kuchibashi*
o tsuge; Ai da suru koto wa nanji ni yu-rusu,
mizu o sosoge
³³ *Sengyô mitsuyû, gu no gotoku, ro no gotoshi*
³⁴ *Zenki fuzô sezu*
³⁵ *Tendô imada narazaru ni, jigoku mazu nara*
³⁶ *Ten no amaneku ôu ga gotoku;*
Chi no amaneku sasaguru ni nitari
³⁷ *Yanagi ni itte wa midori, hana ni itte wa kurenai*
³⁸ *Ippen no hakuun kokkô ni yokotawari;*
Ikuta no kichô ka yoru su ni mayou
³⁹ *Ninnin hongu; Koko enjô*
⁴⁰ *Fushizen, fushiaku*
⁴¹ *Nehanshin akirame yasuku;*
Shabetchi iri gatashi
⁴² *Kûshu ni shite kitari, kûshu ni shite saru*
⁴³ *Kokoro wa ôren ni nite kuchi ni ame ko kurau*

⁴⁴ *Muichimotsu-chû mujinzô*
⁴⁵ *Hoho kore dôjô*
⁴⁶ *Michi ni kenkaku ni awaba, subekaraku ken o tei subeshi; Kore shijin ni arazumba, shi o kenzuru koto nakare*
⁴⁷ *Mubutsu no tokoro sabutsu*
⁴⁸ *Ryôkyô ai terasu*
⁴⁹ *Funki sôsô nenki shite sunawachi yukeba, tare ka sengo o wakatan*
⁵⁰ *Kyûkan shou ni ai; Takyô kyûchi ni au*
⁵¹ *Banri kuku to shite hitori ôkan su*
⁵² *Tochû ni atte kasha o hanarezu*
⁵³ *Jishi kusaki o oboezu*
⁵⁴ *Gotsunen to shite buji ni za sureba, shunrai kusa onozukara shôzu*
⁵⁵ *Yuima kuchi o hiraku ni monoushi; Shijô issen ginzu*
⁵⁶ *Jigen-ji-shujô*
⁵⁷ *Koshô hannya o danji; Yûchô shinnyo o rô su*
⁵⁸ *Ô-mu-shojû, ni-shô-goshin*
⁵⁹ *Waga shinshô, nao kokû no gotoshi*
⁶⁰ *Isshô hito no tame ni, tei o nuki ketsu o nuku*
⁶¹ *Kaiku shôten o negawazu; Kaette unchû no hakkaku o warau*
⁶² *Shûjin yoru no nagaki o shiru*
⁶³ *Kutsu o hedatete kayugari o kaku*
⁶⁴ *Bi o motomureba sunawachi bi o ezu; Bi o motomezareba sunawachi bi nari*
⁶⁵ *Kore o mite torazumba, senzai ai gatashi*

Lightning Source UK Ltd.
Milton Keynes UK
UKHW010633110322
399921UK00002B/305